Theo Lehmann
Verrückt vor Liebe

W0078959

THEO LEHMANN

Verrückt vor Liebe

REDEN FÜR JUNGE LEUTE

AUSSAAT VERLAG NEUKIRCHEN-VLUYN

ABCteam Bücher erscheinen in folgenden Verlagen:
Aussaat- und Schriftenmissions-Verlag Neukirchen-Vluyn
R. Brockhaus Verlag Wuppertal
Brunnen Verlag Gießen (und Brunnquell Verlag)
Christliches Verlagshaus Stuttgart (und Evangelischer
Missionsverlag)
Oncken Verlag Wuppertal und Kassel

4. Auflage 1991
© 1988 Aussaat- und Schriftenmissions-Verlag GmbH,
Neukirchen-Vluyn
Titelgestaltung: Meussen/Künert, Essen
Foto der Umschlagrückseite:
cfc-Medienteam/Ulmer, Gießen
Satz: Fotosatz-Service Weihrauch, Würzburg
Druck: Clausen & Bosse, Leck
Printed in Germany
ISBN 3-7615-3372-1

Inhalt

Verrückt vor Liebe

Matthäus 22, Verse 1–14:

(1) Und Jesus fing an und redete abermals in Gleichnissen zu ihnen und sprach: (2) Das Himmelreich ist gleich einem König, der seinem Sohn die Hochzeit ausrichtet. (3) Und er sandte seine Knechte aus, die Gäste zur Hochzeit zu laden; doch sie wollten nicht kommen. (4) Abermals sandte er Knechte aus und sprach: Siehe, meine Mahlzeit habe ich bereitet, meine Ochsen und mein Mastvieh ist geschlachtet, und alles ist bereit; kommt zur Hochzeit! (5) Aber sie verachteten das und gingen weg, einer auf seinen Acker, der andere an sein Geschäft. (6) Einige aber ergriffen seine Knechte, verhöhnten und töteten sie. (7) Da wurde der König zornig und schickte seine Heere aus und brachte diese Mörder um und zündete ihre Stadt an. (8) Da sprach er zu seinen Knechten: Die Hochzeit ist zwar bereit, aber die Gäste waren's nicht wert. (9) Darum geht hinaus auf die Straßen und ladet zur Hochzeit ein, wen ihr findet. (10) Und die Knechte gingen auf die Straßen hinaus und brachten zusammen, wen sie fanden, Böse und Gute; und die Tische wurden alle voll. (11) Da ging der König hinein, sich die Gäste anzusehen, und sah da einen Menschen, der hatte kein hochzeitliches Gewand an, (12) und sprach zu ihm: Freund, wie bist du hier hereingekommen und hast doch kein hochzeitliches Gewand an? Er aber verstummte. (13) Da sprach der König zu seinen Dienern: Bindet ihm die Hände und Füße und werft ihn in die Finsternis hinaus! Da wird Heulen und Zähneklappern sein. (14) Denn viele sind berufen, aber wenige sind auserwählt.

Die Juden erzählen sich folgende Geschichte: Ein Jude lädt einen anderen zur Hochzeit ein und sagt: »Weißt du eigentlich, wo ich wohne? Nein? Dann paß auf: Ich wohne in der Webergasse 11, da gehst du in den Hof und im Hinterhaus die Treppe rauf bis zum zweiten Stock. Dann gehst du den Gang bis ganz hinten, und dahinten, auf der rechten Seite, die vorletzte Tür – da wohne ich. Da klopfst du dann kräftig mit dem Fuß an die Türe.«

»Wieso mit dem Fuß?«

»Na, du wirst doch wohl nicht mit leeren Händen kommen!«

Jesus hat auch mal so eine Geschichte erzählt. Da lädt auch ein Mann, ein König, zur Hochzeit seines Sohnes ein, aber da ist die Pointe der Geschichte genau umgedreht: Die Gäste sollen mit leeren Händen kommen. Das klingt schon ziemlich unwahrscheinlich, überhaupt ist die ganze Geschichte, die Jesus erzählt, absolut unwahrscheinlich.

Da war also einmal ein König, der seinem Sohn die Hochzeit ausrichtete, und »er sandte seine Knechte aus, daß sie die Gäste zur Hochzeit riefen; und sie wollten nicht kommen. Da sandte er andere Knechte aus und sprach: Sagt den Gästen: Siehe, meine Mahlzeit habe ich bereitet, meine Ochsen und mein Mastvieh ist geschlachtet und alles ist bereit; kommt zur Hochzeit! Aber sie verachteten das und gingen hin, einer auf seinen Acker, der andere in seinen Laden, etliche aber griffen seine Knechte, höhnten und töteten sie.«

Zum großen Fest geladen

Also, wenn du von der Polizei vorgeladen wirst, bist du vermutlich nicht besonders begeistert. Aber eine Hochzeit – das ist ja nun was anderes. Außerdem ist eine Einladung keine Vorladung, und überhaupt: Eine Hochzeit, zumal bei einem Prominenten, die läßt man sich doch nicht entgehen, da geht man doch hin, schon wegen der Fresserei, na, ist doch klar. Da würde doch jeder hinrennen!

Und eben deshalb ist es so unwahrscheinlich, daß die Leute in unserer Geschichte nicht wollen. Es ist unwahrscheinlich, daß der König sich das gefallen läßt und ein zweites Mal einlädt. Es ist unwahrscheinlich, daß die Leute so unhöflich sind, auf eine höfliche Einladung so eiskalt zu reagieren. Und es ist unwahrscheinlich, daß sie sich über die Boten, die die Einladung überbringen, lustig machen und sie sogar umbringen.

An dieser Stelle reagiert der König mal so, wie wir alle reagieren würden (Vers 7): »Da wurde der König zornig und schickte seine Heere aus und brachte diese Mörder um.«

Wildfremdes Gesocks bei der Familienfeier

Daß der König hier mal zulangt, finden wir ganz normal. Aber alles, was dann kommt, ist wieder ganz unwahrscheinlich. Er schickt nämlich neue Boten aus mit dem Befehl: »Geht hin auf die Straßen und ladet zur Hochzeit, wen ihr findet!«

Na, wie find ich denn so was? Man ist ja von prominenten Leuten allerhand Verrücktheiten gewöhnt – im Sekt baden oder im Smoking in den Swimmingpool hopsen –, aber daß sich einer wildfremdes Gesocks zur Familienfeier einlädt, das dürfte ziemlich unwahrscheinlich sein. Da weiß man ja überhaupt nicht, ob die sich wenigstens benehmen können, vielleicht rülpsen die nach dem Essen, oder es fehlen hinterher ein paar Silberlöffel. Also irgendwelche x-beliebigen Nasen von den Straßen einladen – so was gibt's überhaupt nicht!

Doch, sagt Jesus, so was gibt's. Diese Geschichte passiert täglich tausendfach. Es ist einfach eine Geschichte aus dem Alltag Gottes. Jesus hat nämlich seine Geschichte angefangen mit dem Satz: »Das Reich Gottes ist wie ein König, der seinem Sohn Hochzeit machte.« Jesus will damit sagen: Genauso unwahrscheinlich wie dieser König benimmt sich Gott gegenüber den Menschen. So großzügig, so geduldig, so verrückt ist Gott. Gott ist verrückt vor Liebe, vor Liebe nach uns Menschen. Der lädt uns alle zu sich ein, ausnahmslos, bedingungslos. Und genauso unwahrscheinlich, unverschämt und unmöglich wie die Leute in der Geschichte benehmen sich die Menschen Gott gegenüber. Was du dir sonst bei keinem rausnehmen würdest, das erlaubst du dir bei Gott ohne weiteres. Er hat dir seine Einladung ja bereits schriftlich zugehen lassen, er hat dir einen Brief geschickt, einen Liebesbrief, die Bibel nämlich. Da steht z.B. drin (Jer. 31,3): »Ich habe dich schon immer geliebt!« Hast du das schon mal gelesen?

Keine Lust

Gott, der Schöpfer des Weltalls, schreibt dir einen Brief, und du hast keine Lust zu lesen. Gott, der Herr des Universums, lädt dich zu sich ein, und du hast keine Zeit zu kommen. Mensch, es ist doch nicht irgendeine Schwarte, die ich dir empfehle, es ist das WORT GOTTES! Es ist doch nicht irgendein Knilch, zu dem ich dich einlade, es ist GOTT! Es ist doch nicht irgendeine Fete, zu der du kommen sollst, es ist das EWIGE LEBEN! Es ist doch eine Ehre für dich, von Gott eingeladen zu werden.

Bei einem gewöhnlichen Menschen kannst du in so einem Fall ja machen, was du willst. Aber eine königliche Einladung ist ein Befehl, dem man auf eigene Gefahr hin ungehorsam ist. Das solltest du bedenken, wenn du heute die Einladung wieder ausschlägst.

In der Geschichte, wie sie Jesus erzählt, ist es so, daß die Eingeladenen alle was anderes vorhaben. Der eine geht auf seinen Acker, der andere in seine Werkstatt. Es ist gar nicht gesagt, daß das der Schrebergarten oder der Hobbyraum war, sondern die hatten sicher echt zu tun. Arbeit muß sein. Hobby muß sein. Nichts dagegen zu sagen, sagt Gott auch nichts dagegen – aber wenn die Arbeit als Grund vorgeschoben wird, keine Zeit für Gott zu haben, dann ist was faul. Was die Leute davon abhält, zu Gott zu kommen, ist nicht die Faulheit, sondern die Arbeitswut. Sind meistens keine negativen Dinge, sondern gerade gute, hochanständige Dinge.

Uninteressiert und gleichgültig

In unserer Geschichte sind die, die die Einladung ablehnen, nicht die Faulpelze, Rumtreiber und Gammler, sondern die fleißigen Bürger, die vor lauter Arbeit und Anständigkeit einfach keine Zeit für was andres haben. Es hat halt jeder genug mit sich selber zu tun, und die wenigsten haben wirklich echt was gegen Gott. Ich kenne jedenfalls nur wenige, die grundsätzlich bewußt und aktiv gegen Gott sind. Die meisten, die ich kenne, sind einfach uninteressiert. Sind nicht prinzipiell dagegen, haben aber auch speziell nichts dafür übrig. So richtig kämpferische Atheisten findet man selten. Den meisten ist Gott ganz einfach schnuppe. Die nehmen ihn einfach nicht ernst. Die gehn einfach zur Tagesordnung über. Gott? Laß mich in Ruhe, kein Bedarf! Diese Gleichgültigkeit ist viel schlimmer als eine bewußte Feindschaft oder Ablehnung. Manchmal habe ich gedacht, diese Gleichgültigkeit wäre die große Gefahr unserer Zeit. Aber offenbar waren die Menschen zur Zeit Jesu auch schon so. Sonst hätte er nicht gesagt (Offb. 3,15): »Ich weiß, daß ihr weder warm noch kalt seid. Wenn ihr wenigstens eines von beiden wärt! Aber ihr seid weder warm noch kalt; ihr seid lauwarm. Darum werde ich euch aus meinem Munde ausspucken.«

Eine Willensfrage

Bei uns, in unserem Land, sind die Atheisten genau wie in unserer Geschichte meistens ehrbare brave Bürger. Bürger, die nichts gegen Gott haben, aber auch nichts für ihn. Die haben einfach kein Interesse, keine Zeit, vielleicht später, jedenfalls im Moment nicht, sagen sie.

Und wenn du das auch sagst, dann muß ich dir sagen: Das ist einfach nicht wahr, mein Lieber, sondern die Wahrheit ist, daß du nicht willst. So steht es ja auch hier in Vers 3: »Sie wollten nicht kommen.« Wir verhandeln hier nicht die Frage, ob du zur Kirche kommst, sondern ob du zu Gott kommst, ob du an ihn glaubst, ob du dich zu ihm bekehrst. Ob du an Gott glaubst, das ist nicht eine Frage deines Intelligenzquotienten, sondern deines Willens. Die Behauptung: »Ich kann nicht an Gott glauben, weil – ich zu gebildet bin, zu aufgeklärt, zu modern, zu wissenschaftlich usw.«, diese Behauptung ist in jedem Falle falsch. Glauben können kann jeder, ob du willst, das ist die Frage!

Gott beschenkt . . .

Ich lade dich ein, im Auftrage Gottes, an ihn zu glauben und dich zu bekehren. Gott möchte dir eine Freude machen! Wenn du die Einladung ablehnst – was hast du für Gründe vorzubringen? Ein Grund, den ich besonders oft zu hören kriege, heißt: »Die Gebote und Forderungen, die Gott stellt, sind mir zu hoch, zu anspruchsvoll, das schaffe ich nicht. Deswegen kann ich mich weder Christ nennen noch Christ werden.« Das ist ein absolutes Mißverständnis! Zum Christwerden kannst du dich nicht qualifizieren. Christ wirst du nicht, weil du etwas für Gott tust, sondern weil Gott etwas für dich tut. Christ bist du doch nicht, weil du etwas aus dir machst, z.B. einen guten Menschen, sondern weil Gott etwas aus dir macht, nämlich ein Kind Gottes.

. . . wir konsumieren

Es wäre absolut blödsinnig, wenn ein Vater zu seinem Kind, das noch im Kinderwagen liegt, sagen würde: »Paß mal auf, ich geh jetzt auf Arbeit, ich erwarte von dir, daß du inzwischen den Aufwasch erledigst, den Müll runterbringst, – auf dem Küchentisch liegt ein Zettel, da steht drauf, was du im Konsum holen sollst, und mit der Hausordnung sind wir auch dran. Wenn du das alles ordentlich machst, dann bist du mein Kind, dann hab ich dich lieb!« So läuft das doch nicht. Sondern zunächst mal kann das Kind überhaupt nichts, was die Erwachsenen können. Aber eines kann es, besser als die Erwachsenen: Es kann Liebe konsumieren. Es saugt die Liebe der Eltern in sich auf wie ein Schwamm. Jedes Streicheln, jedes gute Wort, jeden Blick. Es empfängt die Liebe der Eltern ohne jede Gegenleistung. Es verdient sich die Liebe nicht, es empfängt sie – das ist alles. Deshalb lebt es, deshalb wächst es, deshalb kann es eines Tages sagen: »Ich bin ein Kind meines Vaters!«

Nehmen, was geboten wird

Für ein Kind, auch für ein Kind Gottes, gibt's keine Vorleistungen und keine Vorbedingungen, da gibt's nur eins. Annehmen, was geboten wird! Ich bitte dich: Nimm die Einladung in Gottes Reich an, sag einfach: »Ja, ich komme. Ja, ich will.« Du mußt nicht erst eine Aufnahmeprüfung machen. Gott fragt dich nicht nach deiner politischen Einstellung. Er will nicht wissen, was du darstellst, was du angestellt hast, wo du angestellt bist. Es interessiert ihn noch nicht mal, ob du ein guter oder ein böser Mensch bist. »… und die Knechte gingen aus auf die Straßen und brachten zusammen, wen sie fanden, Böse und Gute« (Vers 10).

Gott interessiert nur eins: Daß du seine Einladung annimmst, daß du kommst. Warte nicht, bis du dich würdig genug fühlst. Warte nicht, bis du alles verstanden hast. Warte nicht, bis du mit allem einverstanden bist in der Kirche. Sondern komm gleich. Gott erwartet dich!

Nun gibt's aber Leute, die aus diesem Angebot Gottes ganz falsche Folgerungen ziehen. Statt von Gottes Gnade beschämt zu sein, werden sie unverschämt. Die stellen sich hin und sagen: »Das ist ja prächtig. Gott liebt also die Sünder. Ich bin ein Sünder. Ich darf als Sünder zu Gott kommen. Gott liebt mich wie ich bin. Also kann ich auch so bleiben wie ich bin. Demzufolge brauche ich mir auch gar keine Mühe geben, mit meiner Sünde Schluß zu machen. Ich kann also wieder fremd gehn, brauch nicht zur Kirche gehn, kann weitermachen wie bisher – der liebe Gott vergibt mir ja, dazu ist er ja schließlich da.« Für Leute, die so denken, erzählt Jesus seine Geschichte noch ein bißchen weiter.

Geschenkte Klamotten

Da erzählt er, wie alle, die von der Straße reingeschneit sind, Gute und Böse, an der Hochzeitstafel sitzen und futtern. Der König kommt rein, um seine Gäste zu begrüßen. Und da entdeckt er doch einen, der ist nicht vorschriftsmäßig angezogen. Der hat keinen neuen Hochzeitsfrack an, sondern seine alten Straßenklamotten. Vers 12: »Und er sprach zu ihm: Mein Freund, wie bist du denn reingekommen? Du hast ja gar kein Festkleid an?« Der gibt keine Antwort, und da schmeißt ihn der König raus.

Das scheint ja nun alles wieder umzuschmeißen, was ich bisher gesagt habe. Erst hieß es: Jeder kann kommen wie er ist, gleich von der Straße weg. Und jetzt heißt es: Wer keinen Frack anhat, fliegt wieder raus. Ist das nicht ein Widerspruch? Wo soll denn der, wenn er von der Straße kommt, den Frack hernehmen?

Na, von dem König! Ihr müßt wissen, daß es damals folgende Sitte gab: Wenn ein Hochgestellter, z.B. ein König, Gäste einlud, da schenkte er ihnen ein Festkleid, das sie über ihre Klamotten, in denen sie gekommen waren, drüberziehen konnten. Das bekam man an der Türe gratis überreicht. Ungefähr so, wie wenn du heutzutage zu Leuten in ihren Neubau eingeladen wirst und da wird dann stillschweigend erwartet, daß du deine Schuhe ausziehst, und du bekommst an der Tür ein Paar Filzlatschen überreicht. Wenn du dich weigerst, die Filzer anzuziehen, und mit deinen Profilsohlen deinen Gastgebern den Teppich versaust, war das garantiert das letzte Mal, daß du bei denen zum Kaffee eingeladen warst. Gott verlangt von keinem von euch, daß ihr sauber ohne Sünde ankommt. Im Gegenteil: Wenn du Dreck am Stecken hast, wenn dein Leben beschmutzt ist durch Sünde, wenn du gelebt hast wie ein Schwein, dann bist du bei Gott herzlich willkommen!

Ein anderer Mensch werden

Also jetzt nochmal: Es stimmt, du kannst so zu Gott kommen, wie du bist. Aber du kannst nicht so bleiben, wie du bist. Wenn du Gottes Einladung annimmst, erwartet er von dir, daß du seine Vergebung annimmst. Komm mit deiner Sünde, aber laß sie dir vergeben, laß dir Gottes Vergebung geben – das ist mit dem neuen Kleid gemeint, das der König seinen Gästen schenkt.

Wenn du Gottes Einladung annimmst, erwartet er von dir die Bereitschaft, dich ändern zu lassen. Er will dir helfen, falsche Lebensgewohnheiten abzulegen und ein anderer Mensch zu werden: Einer, der seinen Nächsten liebt, an einer besseren Welt mitarbeitet, sich wie ein Kind Gottes benimmt. Und wenn dir das nicht paßt, wenn du stur so bleiben willst, wie du bist, wenn du dir kein neues Leben schenken lassen willst, wenn du dich nicht anständig benehmen willst – dann schmeißt Gott dich wieder raus. Auch wenn du getauft, bekehrt und Dauerteilnehmer auf Freizeiten bist.

Gott ist bereit, dir alles zu vergeben. Gott ist bereit, dir ein neues Leben zu geben. Gott ist bereit, dir die Kraft zu einem neuen Leben zu geben. Aber wenn du nicht bereit bist, das alles anzunehmen, dann treibst du mit der Liebe Gottes Schindluder. Die Liebe Gottes ist etwas anderes als der liebe Gott. Die Liebe Gottes ist wie Dynamit, eine Kraft, die Menschen verändert. Der liebe Gott ist eine harmlose Beruhigungspille, eine lahme Erfindung von den Leuten, die sich nicht ändern und nicht wie ein Kind Gottes leben wollen. Der Mann ohne Hochzeitskleid in unserer Geschichte ist das Urbild von denjenigen, die in der Illusion vom lieben Gott leben, das Urbild auch von Tausenden von Christen, die in die Kirche gehn und wieder weggehn – ohne Buße, ohne Vergebung, ohne Veränderung, ohne die Tat des Glaubens.

Solche Menschen, die sogar am Abendmahlstisch gesessen haben, werden im Jüngsten Gericht gefeuert. Vers 13: »Da spricht der König zu seinen Dienern: Bindet ihm Hände und Füße und werft ihn in die Finsternis hinaus! Da wird Heulen und Zähneklappern sein.«

Die Entscheidung steht an

So, ich habe dir jetzt Gottes Einladung in sein Reich überbracht, und du mußt jetzt entscheiden, ob du die Einladung annimmst oder ablehnst. Wenn du ablehnst, dann setz dich bitte nachher hin, nimm ein Blatt Papier und schreibe: »An Gott, den König des Universums, ich habe heute, am Soundsovielten, deine eilige Einladung zur Hochzeit deines Sohnes Jesus erhalten. Ich lehne diese Einladung aus folgenden Gründen ab ...« Dann schreibst du deine Gründe hin und unterschreibst mit deinem vollen Namen.

Und euch alle, die ihr die Einladung annehmen wollt, bitte ich: Sagt es Gott auf der Stelle! Ihr braucht es nicht schriftlich zu machen. Ihr braucht nicht zu warten, bis ihr zu Hause seid. Ihr braucht bloß jetzt in eurem Herzen zu sagen: Ja, ich nehme an. Ich komme.

Jesus sucht Quartier

Lukas 2, Verse 1–14:

(1) Es begab sich aber zu der Zeit, daß ein Gebot von dem Kaiser Augustus ausging, daß alle Welt geschätzt würde. (2) Und diese Schätzung war die allererste und geschah zur Zeit, da Quirinius Statthalter in Syrien war. (3) Und jedermann ging, daß er sich schätzen ließe, ein jeder in seine Stadt. (4) Da machte sich auf auch Josef aus Galiläa, aus der Stadt Nazareth, in das jüdische Land zur Stadt Davids, die da heißt Bethlehem, weil er aus dem Hause und Geschlechte Davids war, (5) damit er sich schätzen ließe mit Maria, seinem vertrauten Weibe; die war schwanger. (6) Und als sie dort waren, kam

die Zeit, daß sie gebären sollte. (7) Und sie gebar ihren ersten Sohn und wickelte ihn in Windeln und legte ihn in eine Krippe; denn sie hatten sonst keinen Raum in der Herberge. (8) Und es waren Hirten in derselben Gegend auf dem Felde bei den Hürden, die hüteten des Nachts ihre Herde. (9) Und der Engel des Herrn trat zu ihnen, und die Klarheit des Herrn leuchtete um sie; und sie fürchteten sich sehr. (10) Und der Engel sprach zu ihnen: Fürchtet euch nicht! Siehe, ich verkündige euch große Freude, die allem Volk widerfahren wird; (11) denn euch ist heute der Heiland geboren, welcher ist Christus, der Herr, in der Stadt Davids. (12) Und das habt zum Zeichen: ihr werdet finden das Kind in Windeln gewickkelt und in einer Krippe liegen. (13) Und alsbald war da bei dem Engel die Menge der himmlischen Heerscharen, die lobten Gott und sprachen: (14) Ehre sei Gott in der Höhe und Friede auf Erden bei den Menschen seines Wohlgefallens.

Stellt euch vor, ihr lest die Zeitung, hinten die Seite, wo die kleinen Anzeigen stehen. Zum Beispiel: Verloren: Fußballsieg in Hamburg. Abzugeben bei Dynamo Dresden. Oder: Tausche Scheuklappen en gros gegen rosa Brillen für Visitationszwecke. Landeskirchenamt Dresden. Oder schwarzumränderte Traueranzeige: Im Alter von drei Jahren ist mein Bart abgekratzt, Jugendpfarrer.

Schluß jetzt mit dem Unfug. Im Ernst – stellt euch vor, ihr findet in der Abteilung »Wohnungstausch« folgende Anzeige: »Biete Luxusvilla mit allem Komfort in schönster Lage, suche Bretterbude in Palästina, Kriegsschauplatz angenehm.« Na, was würdet ihr zu so einer Anzeige sagen? Vermutlich würdet ihr denken: Der Mann, der diesen Wohnungstausch anbietet, hat nicht alle Tassen im Schrank. Macht doch kein Mensch, sowas – freiwillig aus seiner Traumvilla mit Swimmingpool und Wintergarten ausziehen in eine Bretterbude ohne Wasser und Licht. Sowas gibt's ja gar nicht.

Doch, sowas gibt's. Ehrlich. Allerdings nicht in den Zeitungsnachrichten, das gebe ich zu. Aber in der Guten Nachricht, in der Bibel, da steht sowas drin. Lukasevangelium Kapitel 2. Bloß mit dem Unterschied, daß dort nicht von einem erwünschten Wohnungswechsel die Rede ist, sondern vom Vollzug dieses Wohnungswechsels. Der seltsame Umzug hat bereits stattgefunden:

Gott, der für uns Menschen ferner und unerreichbarer ist als so ein Multimillionär in seiner Traumvilla, dieser unsichtbare, unbegreifliche und große Gott ist umgezogen, aus dem Reichtum in die Armut, aus dem Himmel auf die Erde.

Ich habe ein Buch, das nennt sich »Wegweiser zum Atheismus«. Das Buch hat den Titel »Vom Jenseits zum Diesseits«. Ich wundere mich bloß, wie so ein frommer Titel auf so ein gottloses Buch geraten konnte. Denn genau das – vom Jenseits zum Diesseits – ist die Überschrift über der Geschichte, wie Gott in die Welt kam. Diese Geschichte möchte ich euch heute erzählen. Ich muß vorausschicken, daß es keine besondere Geschichte ist. Die meisten kennen sie auch schon. Na ja, ich erzähle trotzdem. Es geht los wie bei allen Geschichten, in denen von Machthabern und Bürokratie die Rede ist, nämlich unmenschlich.

Keine »Stille Nacht«

Da ist ein Kaiser, der Augustus. Der hat eine Volkszählung angeordnet. Da sind die Bürokraten, die die Aktion durchführen. Da sind die Soldaten, die alles überwachen. Und da sind schließlich die Leute, die Menschen, das statistische Material, das Menschenmaterial. Jeder von denen tut weiter nichts als seine Pflicht. Der Kaiser führt an, die Bürokraten führen durch, die Soldaten führen ab, die Bürger führen aus. Die führen am liebsten aus der Haut. Denn wo die Menschen weiter nichts tun als ihre Pflicht, da wird es unmenschlich.

Zum Beispiel war jeder verpflichtet, sich in der Stadt zu melden, aus der seine Familie stammte. Also marschierten die einen vom Norden nach dem Süden, die anderen vom Süden nach dem Norden. Das ganze Reich wird durcheinandergerührt, und überall gibt's ein großes Gequirle.

Da sind natürlich in manchen Einzelfällen gewisse Härten nun mal nicht zu vermeiden. Da muß halt jeder zusehen, wie er am besten durchkommt. Jeder Bürger hat seine Freiheit, Ellenbogenfreiheit. Und am weitesten kommt immer der, der Spikes an den Ellenbogen hat. So ungefähr war's auch dort, wo meine Geschichte spielt, in Bethlehem. Die Nacht, von der ich euch erzähle, war keine stille Nacht. Die Straßen voll aufgescheuchter Menschen, fluchender Soldaten, quengeliger Kinder. Alles geht drunter und drüber. Und mitten in dem ganzen Durcheinander ein junges Pärchen: Josef, Zimmermann aus Nazareth, und Maria, seine Frau. Obwohl die schon im neunten Monat ist, muß die auch den weiten Weg mitmachen. Pflicht ist Pflicht.

Ihr wißt ja alle, wie die Geschichte weitergeht: Die beiden finden kein Quartier und sind schließlich froh, daß sie in einem Stall unterkrauchen können. Und dort – im finsteren Dreckloch – wird das Kind geboren, ein Junge. Ohne Arzt, ohne Hebamme, ohne große Umstände. Einfach so, wie eben davor und danach Millionen anderer Flüchtlingskinder in Palästina und anderswo zur Welt gekommen sind.

Ein Allerweltsname

Was noch der Ärmste von uns hat, ein Bett, war bei dem nicht drin. Er wurde nicht im Bett geboren, und er ist auch nicht im Bett gestorben. Als er starb, nagelte man ihn an einen hölzernen Galgen. Als er geboren wurde, legte man ihn in einen hölzernen Futtertrog. Ein Bündel Mensch auf einer Handvoll Stroh – das ist nun schon die ganze Weihnachtsherrlichkeit.

Nicht mal zu einem besonderen Namen hat's gereicht. Sie nannten ihn Jesus. So hieß damals jeder fünfte Judenjunge, so wie unsere Jungens heute dutzendweise Klaus und Peter heißen. Ein Allerweltsname also, würden wir sagen.

Die Bibel sagt auch: ein Allerweltsname, aber in einem ganz anderen Sinne. In der Bibel lesen wir: Es ist allen Menschen in der ganzen Welt kein anderer Name gegeben, in dem sie gerettet werden, außer diesem einen: Jesus, Helfer, Heiland, Erlöser, Retter der Welt.

Daß das Judenkind Jesus der Retter der Welt ist, auf diese Idee konnte wirklich kein Mensch von sich aus kommen. Das mußte Gott den Menschen erst sagen. Und die ersten, denen er das erklärt, sind ein paar Hirten. Drop-outs der damaligen Gesellschaft. Sogenanntes Gesindel. Hudelvolk vom Lande. Lumpenproletariat. Die hören als erste die Botschaft: »Euch ist heute der Heiland geboren, welcher ist Christus, der Herr.«

Erst hier, nur an dieser Stelle, wo Gott selber durch den Mund seiner Engel spricht und die Geschichte deutet, wird deutlich: Es handelt sich um mehr als um die Geburt eines x-Beliebigen. Aber abgesehen von diesem Moment, wo Gottes Licht aufstrahlt und uns erleuchtet, wer das Kind in der Krippe ist, abgesehen von diesem einen Moment ist an der ganzen Geschichte nichts Besonderes dran. Im Gegenteil: Ansonsten ist das eine 08/15-Story, die an Banalität kaum zu überbieten ist.

Eine klägliche Kulisse

Das heißt: Den Gipfel der Banalität habe ich euch ja noch gar nicht erzählt. Da sagen die Engel zu den Hirten: Geht nach Bethlehem und seht euch den Retter der Welt an. Und dann heißt es: »Das habt als Erkennungszeichen: Ihr werdet finden das Kind in Windeln gewickelt und in einer Krippe liegen.«

Ich bitte euch: Eine Windel als Erkennungszeichen Gottes!? Jeder von euch, der zu Hause kleine Kinder oder Geschwister hat, weiß, was eine Windel ist. Sie ist das Zeichen des Menschlichen, des Allzumenschlichen. Und genau das, das Menschliche, das ist das Kennzeichen Gottes.

Wenn die Leute, die zu Weihnachten Kriegsspielzeug verkaufen und verschenken, die Weihnachtsgeschichte geschrieben hätten, dann hieße es hier: »Das habt zum Zeichen: Ihr werdet finden das Kind mit einem Stahlhelmchen auf dem lockigen Haar, in einen Patronengürtel gewickelt und in einem Panzerchen liegend.« Und dann hätte der Chor der Engel nicht gesungen: »Ehre sei Gott in der Höhe und Friede auf Erden und den Menschen ein Wohlgefallen«, sondern dann hätte die Brigade der Engel gebrüllt: »Ehre sei den Raketen in der Höhe und Schrecken auf Erden und den Menschen kein Wohlgefallen.«

Aber Gott kommt nicht im Stahlhelm, nicht im Zeichen der Gewalt. Gott kommt in der Windel, im Zeichen der Friedfertigkeit. Er kommt nicht mit dem bombastischen Getue und Getute, wie es die Herren dieser Welt nötig haben, um den Leuten ihre Wichtigkeit klar zu machen. Bei ihm flattern statt Fahnen und Standarten Windeln auf der Leine. Statt Fanfahren und Trompeten Kuhgebrumm, statt spalierstehender Jubelmassen im Flutlichtscheinwerfer ein düsterer Stall mit ein paar wiederkäuenden Tieren.

Das ist die klägliche Kulisse für den Auftritt Gottes auf der Bühne unserer Weltgeschichte. Der Auftritt jedes Weihnachtsmannes ist glanzvoller als die ärmliche Geburt des Gottessohnes. Und gegen den Ansturm von Glühbirnen und Glitzerwatte kann ich mit meiner simplen Geschichte natürlich nicht konkurrieren.

Es hat schon zu allen Zeiten Leute gegeben, denen ein Gott zu banal ist, der im Kuhstall zur Welt kommt und am Galgen aus der Welt geht, die ihn gern in einer etwas geschmackvolleren Ausführung hätten, nicht so ärmlich und nicht so blutig. Der liebe Gott im Zellophanbeutel mit Goldschleife, das wäre was. Aber damit kann ich euch leider nicht dienen. Ich kenne bloß den Gott ohne fromme Glanzverpackung, den Gott, der geboren wurde als ein Mensch wie du und ich. Einen anderen kenne ich nicht. Und der Gott, der irgendwo im fernen Jenseits über den Wolken schwebt, der interes-

siert mich auch nicht. Der Gott, der im Weltraum mit Stern-
schnuppen kegelt, ist mir schnuppe.

Hat der das nötig?

Mich interessiert bloß der menschgewordene Gott, dem
kein Raum in dieser Welt zu häßlich und zu primitiv ist, um
darin zu wohnen; dem kein Mensch zu verdorben, zu ge-
ring, zu sündig ist, um mit ihm Freundschaft zu schließen;
der die Banalitäten meines Lebens aus der eigenen Erfahrung kennt und dem ich deshalb auch mit den banalen Problemen meines Lebens kommen kann.

Mir ist so ein Gott gerade recht, und ich danke ihm, daß er
mir so hautnah auf die Pelle rückt, in die Haut eines Menschen eingeht, ein Mensch wird.

Nun fragst du vielleicht: Warum macht der das eigentlich?
Warum wird der ein Mensch? Warum zieht Gott um, vom
Jenseits zum Diesseits? Hat der das nötig?

Nein, der nicht, aber ich hab's nötig. Ich brauche einen, der
mich von meiner Schuld freimacht. Ich brauche einen, der
mich vor den Angriffen des Teufels schützt. Ich brauche einen, der mir meine Ängste nimmt und meiner Seele Frieden
gibt. Ich brauche einen, der mir zeigt und hilft, in dieser Welt
der Unmenschlichkeit als ein Mensch zu leben. Den hab ich
in dem Jesuskind gefunden.

Allerdings muß ich noch dazusagen: Er ist ja nicht das Kind
geblieben. Aus dem Kind wurde der Mann, der am Kreuz für
mich gestorben ist. Er ist ja nicht im Tod geblieben. Aus dem
Toten wurde der Lebendige, der auferstanden und jetzt
beim Vater ist. Und dort wird er auch nicht bleiben. Er wird
wiederkommen, um mich in sein Reich zu holen.

Das alles für uns!

Und das alles nicht, weil er's nötig hätte oder dazu verpflichtet wäre, sondern weil er mich liebt. Das ist die einzige

Erklärung. Gott ist verrückt vor Liebe nach uns. Deshalb macht er so verrückte Sachen, daß er umzieht zu uns, aus dem Jenseits ins Diesseits.

Und weil das alles so ist, deswegen macht es mir auch nichts aus, daß seine Geburtsgeschichte so gar nichts Besonderes ist. Im Gegenteil: Das ist ja gerade das Besondere an der Geschichte, daß sie nichts Besonderes ist. Das ist ja gerade das Wunderbare, daß sie so menschlich ist.

Nun haben sich aber viele Leute schon zu Lebzeiten von Jesus darüber aufgeregt und nicht begriffen, daß dieser Mensch der Sohn Gottes war. »Wie kann denn der sowas von sich behaupten«, so hieß es damals. »Den kennen wir doch ganz genau, der wohnt doch gleich drüben um die Ecke. Das ist doch der Sohn vom Zimmermann Josef, mit dem haben wir doch früher am Dorfteich zusammen Ringelreihe gespielt. Und bitte – seit wann spielt Gott Ringelreihe? Sollte Gott wirklich auf die Idee gekommen sein, bei Zimmermanns bei Schmidts und Meiers eine Filiale des Reiches Gottes aufzumachen?«

Tatsächlich, Leute, Gott ist auf die wahrhaft göttliche Idee gekommen, bei Zimmermanns und Meiers, bei Krauses und überhaupt überall zu wohnen. Auch bei dir. Und wenn dein Herz so stur ist wie ein Ochse, so hölzern wie eine Krippe, so finster, so schmutzig und freudlos wie ein Kuhstall, dann brauchst du Jesus erst recht. Damit es in deinem Leben wieder hell und gut wird.

Heute ist Jesus wieder mal auf der Quartiersuche. Und er läßt jetzt durch mich bei dir anfragen, ob du ihn bei dir aufnehmen möchtest.

Gott nölt nicht

Ich habe mal einen Film gesehen: »Meine Tage mit Pierre,
meine Nächte mit Jacqueline.« Es ging da um Liebe, Mißver-
ständnisse, Streit, Tränen, Trennung, Krach, also mit einem
Wort: eine Liebesgeschichte. Im ersten Teil wird die Story
vom Standpunkt der Frau aus geschildert. Im zweiten Teil
geht das Ganze nochmal von vorne los, aber jetzt erzählt der
Mann, wie er alles erlebt hat. Also zweimal genau das gleiche, nur eben von zwei verschiedenen Standpunkten aus.
Wir machen es heute mal genauso. Das letzte Mal habe ich
euch von dem jungen Mann erzählt, der von seinem Vater
abhaut. Lukasevangelium, Kapitel 15. Heute gibt es dieselbe Geschichte nochmal, aber sozusagen vom Standpunkt
des Vaters aus gesehen.

Ein alter Muffel?

Nun weiß ich natürlich: Wenn ich vor so vielen Jugendlichen
das Wort »Vater« ausspreche, da ist bei vielen von euch sofort Feierabend, weil ihr gleich an das Exemplar von Vater
denkt, das ihr zu Hause habt, und was junge Leute so von
ihren Vätern denken, das weiß ich.
Denn was ist der Durchschnittsvater? Ein alter Muffel, der
immer bei allem dagegen ist, meckert, nölt, verbietet, der
mit seinen Erfahrungen pranzt und mit dem Geld geizt, den
man nie stören darf, der nie Zeit hat und dessen drei Lieb-
lingssätze lauten: »Erstens: Bin auch mal jung gewesen.
Zweitens: Aber das hätten wir früher uns nicht erlaubt. Drittens: Verdammt noch mal, ich hab den ganzen Tag gearbei-
tet, ich will jetzt meine Ruhe haben.« Manche kennen ihren
Vater überhaupt nicht oder bloß als ein saufendes Etwas.
Der Vater, von dem ich euch erzähle, ist ganz anders. Der
gönnt seinem Sohn alles, was er braucht. Der hat zu dem ein
prächtiges Verhältnis. Alles ist in Butter, kein Krach, keine

Reibereien. Um so erstaunter ist der Vater, als eines Tages sein Herr Sohn bei ihm erscheint und ihm eiskalt eröffnet: »Ich gehe. Du bist zwar soweit o.k., aber irgendwie hängt mir hier der ganze Laden zum Halse raus. Mich ödet die Rolle des braven Söhnchens an, ich fühle mich frustriert, ich möchte endlich mal frei und selbständig sein. Dazu brauche ich allerdings ein paar Mäuse. Ich schlage daher vor: Du zahlst mir jetzt mein Erbe aus. Erstens steht es mir sowieso zu, und zweitens ist es im Prinzip egal, ob du nun den Kies gleich auspackst oder ich ihn erst kriege, wenn du über'n Jordan bist. Also sei kein Frosch und reich mal ein Päckchen von den großen Blauen rüber.«

Tobsuchts- oder Schlaganfall

Jeder andere Vater hätte in diesem Moment entweder einen Tobsuchts- oder Schlaganfall gekriegt. Jeder andere hätte dem Herrn Sohn den großen Briefbeschwerer an den Kopf oder ihn überhaupt rausgeschmissen. Mindestens hätte jeder eine Diskussion angefangen: »Aber mein lieber Junge, warum denn gleich so radikal? Ich meine, wenn du mal Urlaub machen willst, hat ja keiner was dagegen – aber warum denn gleich abhauen für immer? Sieh mal, du hast es doch gut bei mir. Und ich verspreche dir auch, ich kaufe dir ein neues Tonbandgerät, ich erhöhe das Taschengeld. Willst du es dir nicht nochmal überlegen?«
Oder die ironisch-drohende Tour: »Du und selbständig – daß ich nicht lache! Du bist noch viel zu grün, das geht schief, das kann ich dir jetzt schon sagen. Aber wenn du unbedingt willst – bitte. Doch das eine sage ich dir: Laß dich dann nie wieder hier blicken. Für mich bist du erledigt.«
Oder die beleidigte Leberwurst: »Das hat man nun davon. Da schuftet man ein Leben lang, verzichtet auf alles, lebt nur für die Kinder, steckt euch alles vorn und hinten rein, und was ist der Dank? Es paßt dem Herrn Sohn nicht. Womit habe ich das nur verdient? Wie kannst du mir sowas antun?«

Er gibt

Der Vater in unserer Geschichte reagiert ganz anders. Wortlos steht er auf, geht zum Kassenschrank, holt die Geldbündel raus, zählt das Erbe ab und blättert dem Sohn schweigend die Scheine auf den Tisch.

Er sagt kein einziges Wort. Keine Bitte, keine Frage, kein Vorwurf, keine Drohung, keine Szene, nichts. Er gibt nach. Er gibt. »So'n Vater möchte ich auch mal haben«, wird mancher von euch sagen. Kannst du doch! Hast du doch! Mit dem Vater, von dem ich euch erzähle, ist Gott gemeint. Und Gott ist auch dein Vater. Hast du dir überhaupt schon mal überlegt, was du von dem schon alles geerbt hast?

Machst du es so wie der junge Mann in unserer Geschichte, der von seinem Vater Geld anfordert und annimmt, als ob das selbstverständlich wäre, und sich nicht mal dafür bedankt? Der sahnt bei seinem alten Herrn ab, stopft sich die Scheine in die Taschen, brennt sich mit einem neuen Zehnmarkschein eine Peter Stuyvesant an und dampft in die große, weite Welt.

Nach seinem Vater sieht er sich nicht ein einziges Mal um. Der hat sich für ihn erledigt. Aber für den hat sich der Sohn nicht erledigt. Er liebt ihn immer noch. Jetzt erst recht. Er steht an der Haustüre und sieht ihm schweigend nach.

Warum schweigt der Vater?

Warum macht er nicht wenigstens den Versuch, ihn zurückzuhalten? Der Vater, also Gott, ist doch allwissend. Er weiß also schon vorher, was dem Jungen passieren wird, daß er volle Pulle in sein Unglück rennt. Kann er, muß er das nicht verhindern? Er ist doch allmächtig. Warum verbietet er nicht einfach? Warum wendet Gott keinen Zwang an?

Weil er die Freiheit genauso liebt wie du. Weil er dich liebt. Und weil er möchte, daß du ihn liebst. Aber Liebe läßt sich nun mal nicht erzwingen. Und deshalb kann Gott niemals einen Menschen zwingen, sondern wenn einer nicht mit ihm leben will, dann kann er ihn eben nur laufen lassen.

»Man kann«, so sagt der polnische Dichter Lec, »man kann ›das Lied der Freiheit‹ nicht auf dem Instrument der Gewalt spielen.« Es gibt einen Punkt, wo es keinen Zweck hat zu verbieten, wo man Freiheit geben muß. Viele Eltern erkennen diesen Punkt nicht, schalten auf stur und tun sich damit selber einen schlechten Dienst. Wer die Menschen zwingt, selbst wenn er sie zu ihrem Glück zwingt, erntet immer nur Ablehnung, Feindschaft, Haß. Die Menschen mit Verboten und Zwangsmaßnahmen bei der Stange halten, das ist sehr einfach. Aber es ist auch sehr dumm, denn kein Mensch fühlt sich unter Zwang glücklich.

Du bist kein Wellensittich

Ein Wellensittich, der in seinem Käfig auf der Stange sitzt, der fühlt sich vermutlich so ganz wohl. Aber du bist kein Wellensittich, sondern ein Mensch, also ein Wesen, das zur Freiheit bestimmt ist. Und du wirst deshalb den, der dich in einen Käfig sperrt, und selbst wenn es ein goldener Käfig ist (und viele Eltern bauen ihren Kindern goldene Käfige), niemals lieben können. Du wirst ihn fürchten, ihn hassen, verachten, aber niemals lieben.

Gott aber will, daß du ihn liebst. Und da kann er nur warten, bis du freiwillig zu ihm kommst, ohne jeden Zwang. Zwang entwürdigt den Menschen, den, der ihn ausübt genauso wie den, der ihn erleidet. Gott respektiert deine Menschenwürde, indem er dir deine Freiheit läßt, auch dann, wenn du ihm den Rücken kehrst und seine Liebe verschmähst.

Gottes unglückliche Liebe

Warst du schon einmal unglücklich verliebt? Weißt du noch, was für Gefühle du da hattest? Das war ein Schmerz, daß du dachtest, dich haut es um. Na, da weißt du jetzt ungefähr, was Gott für Gefühle hat, wenn er an dich denkt. Welchen Schmerz er hat, wenn du seine Liebe nicht erwiderst.

Gott dreht es das Herz im Leibe rum, wenn er sieht, wie du ohne ihn lebst. Da brauchst du noch gar nicht mal irgendwas besonders Schlechtes zu machen. Da kann dein polizeiliches Führungszeugnis einwandfrei sein – du tust Gott trotzdem weh. Es genügt schon, daß du ohne ihn lebst. Ohne Gott leben, von Gott getrennt sein, das nennt die Bibel Sünde.

Es genügt schon, daß du als selbstverständlich ansiehst, daß du überhaupt lebst und gesund bist, ohne dich dafür zu bedanken. Undankbarkeit ist Sünde!

Ich sehe hier vorn unter der Kanzel ein paar Jugendliche sitzen. Die sind genauso jung und lustig und lebenshungrig wie ihr. Aber die sitzen in Rollstühlen. Und da muß ich an etwas denken, was ich letzten Monat bei einer Evangelisation erlebt habe.

Da war auch ein Mann im Rollstuhl, so um die 40 herum. Der wurde auf den Altarplatz gehoben und erzählte uns, daß er bis zu seinem 23. Lebensjahr genauso gesund war wie andere. Und dann wurde er plötzlich gelähmt, an den Rollstuhl gefesselt. Nun hat er erzählt, wie er mit Gott gekämpft hat und wie er mit seiner Krankheit fertig geworden ist. Und am Schluß hat er gesagt: »Wenn ihr mich jetzt fragt, was mir lieber ist: Ein Leben ohne Jesus mit Gesundheit oder ein Leben mit Krankheit und mit Jesus, dann entscheide ich mich für das letztere.«

Vor so einer Frage steht ihr nicht, ihr seid gesund. Aber ich frage euch: habt ihr euch schon mal bei Gott bedankt, daß ihr auf zwei gesunden Beinen hierhergekommen seid und nachher wieder rausspazieren könnt? Oder lebt ihr vergnügt in der Sünde der Undankbarkeit?

Die Sünde des jungen Mannes aus unserer Geschichte beginnt ja nicht erst, als er das Geld des Vaters zum Fenster rauswirft, sondern als er das Geld von ihm verlangt, als ob er ein Recht darauf hätte und nun damit machen könnte, was er will. Er hat nämlich eins vergessen: Alles was er hat, hat er von seinem Vater. Sein Leben, seinen Körper, die flotten Klamotten, sein kultiviertes Essen – alles.

Alles gute Dinge

Es handelt sich dabei durchweg um an sich gute Dinge. Schöne Klamotten, schönes Essen, ein schöner Körper – das ist nichts Schlechtes. Aber diese an sich guten Dinge sind es gerade, die ihm nach der Trennung vom Vater zum Verderben werden, denn er gebraucht sie bloß noch für sich, ohne Verantwortung gegenüber dem Vater.

Der Geschlechtstrieb, den Gott in dich gelegt hat, ist an sich etwas Gutes. Aber wenn du ihn gebrauchst, ohne dich an die Gebrauchsanweisung im 6. Gebot zu halten, wo Gott sagt: du sollst nicht ehebrechen, dann zerstörst du dein eigenes Glück und das Glück anderer.

Die Begabung, die Gott dir gegeben hat – du kannst vielleicht klasse Gitarre spielen – ist an sich etwas Gutes. Wenn du sie bloß dazu benutzt, dir einen Namen und Geld zu machen, dich von den Massen beklatschen zu lassen, dann wirst du zum arroganten Angeber.

Das Geld, das du hast, ist an sich etwas Gutes. Wenn du es nur gebrauchst, um dir ein schönes Leben zu machen, wirst du ein unbarmherziger, geiziger Hund.

Die Schönheit, die Gott dir gegeben hat, ist an sich etwas Gutes. Wenn du sie nur dazu gebrauchst, um möglichst viele Männer zu verführen, verführt dich deine Schönheit zum Größenwahn, zur Selbstbewunderung, zum Selbstbetrug. Was machst du, wenn deine Schönheit verblüht und du alt wirst? Dann siehst du alt aus, denn »wenn die Frauen verblühen, verduften die Männer«. Ein Mädchen, das an jedem Finger zehn hat, hat meistens keinen, der um die ganze Hand anhält.

So ging's dem jungen Mann aus unserer Geschichte. Am Schluß hat er keinen einzigen, der wirklich zu ihm hält. Nachdem er sich nur in der Gesellschaft von lockeren Vögeln und leckeren Betthasen aufgehalten hat, befindet er sich zuletzt nur noch in der Gesellschaft von Schweinen.

Die Trennung vom Vater hat ihm kein Glück gebracht. Diese bittere Erfahrung hätte er sich sparen können, wenn er beim Vater geblieben wäre.

Erfahrungen sammeln?

Da hat einer zu mir gesagt: »Eigentlich war das doch ganz richtig von dem jungen Mann, von zu Hause abzuhauen. Man muß doch schließlich seine Erfahrungen sammeln. Um mitreden zu können, muß man erst mal alles mitgemacht haben.«

Was heißt hier »man muß alles mitgemacht haben«? Mußt du erst einen Krieg mitgemacht haben, um zu wissen, daß Krieg schrecklich ist? Hat irgendeiner von euch schon mal eine Flasche Rizinusöl ausgesoffen, bloß um hinterher aus eigener Erfahrung bestätigen zu können, daß man da Durchfall kriegt? So ein Blödsinn!

Vor ein paar Wochen besuchte mich ein junger Mann aus dem Westen. Der vertrat auch den Standpunkt: »Man muß alles mal mitgemacht haben.« Und er erzählte mir voll Stolz, daß er alles mitgemacht hat, was der Westen so zu bieten hat. »Auch im Bordell«, sagte er, »bin ich gewesen.« Was hier so vornehm als »Lebenserfahrungen sammeln« ausgegeben wird, das bezeichnet die Bibel schlichtweg als Sünde.

Als der junge Mann aus unserer Geschichte sein Geld in Kneipen und Bordells vertan hat und schließlich als Schweinehirt gelandet ist, da sagt er nicht: »Jetzt hab ich alles mitgemacht, jetzt bin ich ein erfahrener, gereifter, kluger Mann.« Sondern er sagt: »Ein Idiot bin ich, blöd bin ich gewesen.« Und er kommt zu seinem Vater nicht mit den stolzen Worten: »Sieh her, mein Vater, ich kehre zurück als ein gereifter Mensch, ich habe ohne dich Lebenserfahrungen gesammelt, jetzt kriegst du einen klugen Sohn zurück.« Sondern er sagt demütig: »Ich habe gegen dich gesündigt.«

Nicht wiederzuerkennen

Und jetzt stellt euch diesen jungen Mann vor: zerlumpt und verludert, ausgepumpt, ein menschliches Wrack, das Gesicht vor Gier und Sorgen zerfurcht, der ganze Kerl stinkend und verdreckt und einfach nicht wiederzuerkennen. So kommt er in sein Heimatdorf. Niemand sieht diesem Landstreicher an, daß er das Kind des reichen Vaters ist, so sehr hat ihn die Sünde entstellt.

Sieht man dir eigentlich noch an, daß du ein Kind Gottes bist? Du bist geschaffen als Gottes Ebenbild, das heißt: Du solltest sein wie ein Spiegel, der die Eigenschaften Gottes widerspiegelt – Güte, Ehrlichkeit, Liebe, Wahrhaftigkeit, Treue, Offenheit, Reinheit, Freundlichkeit – das sollst du ausstrahlen. Na und, sind das die Kennzeichen deines Lebens?

Oder bist du gekennzeichnet durch Unehrlichkeit, Egoismus, Sturheit, Streitsucht, Rechthaberei, Ängstlichkeit? Ich fürchte, mein Lieber, diese Kennzeichen treffen auf dich mehr zu als die ersten. Bei mir jedenfalls ist das so.

Vielleicht ist es sogar noch schlimmer? Vielleicht sagen die Leute von dir: »Der ist ein widerlicher Kerl. Das ist ein Schläger. Die ist ein Flittchen. Das ist ein Säufer, ein unzuverlässiger Kollege, ein Rumtreiber.«

Vielleicht sagen deine eigenen Eltern zu dir, daß du ein Versager, eine Schande für die Familie bist. Und selbst wenn sie damit recht haben – ich sage dir: Gott sieht in dir sein Kind.

Gott sieht dahinter

Hinter dem von Sünde gekennzeichneten Gesicht von euch Mädchen, die ihr schon durch so viele Hände gegangen seid, sieht Gott, daß ihr einmal rein wart und daß ihr euch nach Reinheit sehnt. Hinter der lässigen, herablassenden Miene von euch Jungs, die ihr so tut, als ob euch nichts umwerfen könnte, sieht Gott, daß ihr auch ein Herz habt, ein Herz, das verwundbar ist und das sich nach Liebe sehnt.

Leute, ihr braucht vor Gott kein Theater zu machen. Ihr könnt zu ihm kommen, wie ihr seid. Mit eurer Schuld. Und er wird euch nicht rausfeuern.

Als der junge Mann auf den Hof seines Vaters geschlichen kommt, erkennt ihn keiner. Aber der Vater erkennt ihn. Hinter dem ausgebrannten Gesicht dieses Bettlers entdeckt der Vater das Gesicht seines Sohnes.

Keine bissige Bemerkung

Und jetzt stellt der Vater sich nicht händereibend an die Türe und sagt hämisch: »Da kommt er an, der Lumpenhund, den werde ich aber zusammenstauchen.« Er stellt kein peinliches Verhör an: »Wo warst du solange? Wie siehst denn du überhaupt aus? Wo ist das Geld?« Er macht ihm keine Vorwürfe, keine bissige Bemerkung, keine Frage, keine Szene, keine Nervereien, kein Wort. Er schweigt.

Und das ist das, was mich an dieser Geschichte am meisten beeindruckt. In der ganzen langen Geschichte spricht der Vater nicht ein einziges Wort. Erst jetzt am Schluß, nachdem er seine Arme geöffnet hat, öffnet er zum ersten Mal den Mund und sagt: »Dieser junge Mann ist mein Sohn. Er war verloren, aber jetzt ist er wiedergefunden.«

Siehst du, so ist Gott. Gott nölt nicht. Der lappt dich nicht voll, wenn du mit deiner Schuld vor ihn hintrittst. Er wartet ja nur auf dich, daß du endlich heimkommst. Nicht, um dich fertigzumachen, sondern um aus dir einen neuen Menschen zu machen. Nicht, um dir Zunder zu geben, sondern um dir deine Sünde zu vergeben.

Wieviel Schuld, wieviel Schutt hat sich auf dem Bauplatz deines jungen Lebens schon angesammelt? Gottes Vergebung ist wie eine Planierraupe, die den Schutt wegräumt.

Kleiner Mann – ganz neu

Lukas 19, Verse 1–10:

(1) Und Jesus ging nach Jericho hinein und zog hindurch. (2) Und siehe, da war ein Mann mit Namen Zachäus, der war ein Oberer der Zöllner und war reich. (3) Und er begehrte, Jesus zu sehen, wer er wäre, und konnte es nicht wegen der Menge, denn er war klein von Gestalt. (4) Und er lief voraus und stieg auf einen Maulbeerbaum, um ihn zu sehen, denn dort sollte er durchkommen. (5) Und als Jesus an die Stelle kam, sah er auf und sprach zu ihm: Zachäus, steig eilend herunter, denn ich muß heute in deinem Haus einkehren. (6) Und er stieg eilend herunter und nahm ihn auf mit Freuden. (7) Als sie das sahen, murrten sie alle und sprachen: Bei einem Sünder ist er eingekehrt. (8) Zachäus aber trat vor den Herrn und sprach: Siehe, Herr, die Hälfte von meinem Besitz gebe ich den Armen, und wenn ich jemanden betrogen habe, so gebe ich es vierfach zurück. (9) Jesus aber sprach zu ihm: Heute ist diesem Haus Heil widerfahren, denn auch er ist Abrahams Sohn. (10) Denn der Menschensohn ist gekommen, zu suchen und selig zu machen, was verloren ist.

Kurt Tucholsky hat mal gesagt: Das deutsche Schicksal: vor einem Schalter zu stehen. Das deutsche Ideal: hinter einem Schalter zu sitzen. Die vor dem Schalter haben immer die Mehrheit, aber die hinter dem Schalter haben die Macht, und das macht sie denen vorm Schalter so unsympathisch, jedenfalls wenn sie ihre Macht mißbrauchen. Irgendwie haben die Leute was gegen Beamte. Jedenfalls gegen Zollbeamte. Jedenfalls war das zur Zeit von Jesus so.

Damals war der Beruf des Zöllners genauso anrüchig wie der des Zuhälters: einträglich, aber unanständig. Mit solchen Leuten verkehrte man nicht, mit denen sprach man nicht, mit sowas wollte man nichts zu tun haben. Zöllner wurden von der Bevölkerung gehaßt. Aus drei Günden:

Erstens: Weil sie die Staatseinkünfte für die verhaßte römische Besatzungsmacht eintrieben, also mit ihrer Arbeit die fremde Zwangsherrschaft unterstützten, galten sie als nationale Verräter.

Zweitens: Weil man in Israel Abgaben nur zu religiösen Zwecken kannte, galten sie wegen ihrer Zusammenarbeit mit den heidnischen Besatzern als religiöse Verräter.

Drittens: Weil sie sich durch Erpressung und auf Kosten ihrer eigenen Volksgenossen ein Vermögen ergaunert hatten, galten sie als Verräter an der Sache des ausgebeuteten Volkes.

Was will denn der hier?

Von so einem Typ wird im Lukasevangelium berichtet. Er hieß Zachäus, wohnte in Jericho, war ein kurzes Kerlchen, aber jeder Zoll ein Zöllner, also ein Gangster höherer Ordnung, der von der Erpressung seiner Unterzöllner lebte, mit einem Wort: ein Miststück.

Nun gehört ja bekanntlich zum Beruf des Zöllners die Neugierde. Auch Zachäus war neugierig. Und als er eines Tages hörte, daß Jesus durch Jericho kommt, will er ihn natürlich sehen. Er hatte von ihm schon gehört. Kein Wunder, denn Jesus hatte vor Jericho ein Wunder getan, einen Blinden geheilt. Diese Sensation war natürlich Tagesgespräch. Und als nun Jesus durch Jericho kam, flitzte alles, was Beine hatte, auf die Straße. Jeder wollte ihn sehen. Dichtes Gedrängel auf allen Bürgersteigen, unser Zachäus natürlich mitten drin in der Menge. Aber so sehr er auch seinen Hals reckt und sich auf die Zehenspitzen stellt – er sieht nichts. Ihm ging's wie euch da hinten, ihr seht auch bloß den Kopf eures Vordermannes.

Aber Zachäus sah nicht mal Köpfe, sondern bloß Rücken und kalte Schultern. Denn genauso klein, wie er war, so groß war auch die Wut der Leute auf ihn. Gerade weil er so kurz war, hätten die ihn ja ruhig nach vorn lassen können, der hätte ja niemandem die Aussicht versperrt.

Aber nein, nun gerade nicht. Der Zachäus nimmt uns unser gutes Geld weg, da nehmen wir ihm heute mal zur Abwechslung die gute Aussicht weg – endlich mal eine Gelegenheit, diesem Hundesohn eins auszuwischen und ihn vom Anblick des Gottessohnes auszuschließen. Wozu braucht so einer wie der Jesus zu sehen?

Die Bürger von Jericho sind längst ausgestorben, aber ihre Nachkommen leben noch. Das sind die Leute, die sagen: Hauptsache, ich habe meinen Sitzplatz. Hauptsache, ich kann gut sehen. Hauptsache, mir geht es gut. Hauptsache, ich bin mit dem Rücken an der Wand. Das sind die Christen, die sich für besser halten als andere Leute. Und wenn die gewisse Typen in der Kirche sehen, dann sagen sie: »Was will denn der hier?«

Zum Beispiel haben sie mal einen der Musiker, die in unserem letzten Gottesdienst gespielt haben, aus einer Kirche rausgeschmissen. Der saß ganz ruhig da, aber entweder war der Bart zu lang oder die Jeans zu ausgefranst, jedenfalls kam ein Kirchenvorsteher und hat ihn rausgefeuert. Den Namen der Kirche verrate ich nicht. Es war eine berühmte Kirche in Dresden. Jaja, es ist schon ein Kreuz mit der Kirche.

Blamage einprogrammiert

Aber zurück nach Jericho. Dort hatten die Bürger zwar einen großen Buckel, aber nur einen kleinen Verstand, und da hat sie der Zachäus ausgetrickst. Sie hatten vergessen, daß zum Beruf des Zöllners nicht nur die Neugierde, sondern auch die Findigkeit gehört. Ein Zöllner muß ja was finden, und wenn er nichts findet, muß er was erfinden. Und erfinderisch war der kleine Zachäus. Der sagte zu denen, die ihm mit ihrem Buckel die Aussicht versperrten: »Rutscht mir den Buckel runter« und rannte dem Festzug voraus. Und dann machte er es wie die Leute, die, um die Friedensfahrer zu sehen, sich auf eine Leiter setzen. Er kletterte auf einen

Maulbeerbaum, der seine Äste weit über die Straße streckte. Und von dort oben wollte er durch die Blätter looky looky machen, wenn Jesus unten vorbeikäme.

Nun müßt ihr euch mal vorstellen, was das für ein Hallo gab, als das kleine Männchen Klimmzüge macht, sich am Baumstamm hochhievt und auf dem Ast langrobbt wie ein Zwölfjähriger beim Kirschenmausen.

Ihr müßt bedenken: Herr Zachäus war eine stadtbekannte Persönlichkeit, schon wegen seines Reichtums. Der kaufte seine Klamotten nicht im Konsum, höchstens im Exquisit, aber weil er als Zöllner genug harte Devisen hatte, meistens nur im Intershop.

Und dieser vornehme Herr klettert auf einen Baum, reißt sich ein Loch in die Exquisithose, der Interschlips rutscht schief, ein Salamanderschuh fliegt runter. Und nun klebt er da oben auf seinem Ast wie ein Laubfrosch auf der Leiter und macht Stielaugen.

Der Mann macht sich einfach lächerlich! Aber das macht ihm nichts aus. Ihm ist es schnuppe, ob die Leute ihn auslachen, ob seine Hose und sein bürgerliches Image kaputtgehen – ihm geht es nur um das eine, um den Einen:

Er will Jesus sehen.

Gute Aussichten

Und tatsächlich hat niemand in ganz Jericho eine so gute Aussicht, Jesus zu sehen, wie er. Als nämlich Jesus an dem Maulbeerbaum vorbeikommt, wo Zachäus wie ein Mops auf der Lauer zwischen Himmel und Erde im Geäst hängt, entdeckt er ihn. Er sieht hoch und sagt (Vers 5): »Zachäus, steig schleunigst herunter, denn ich muß heute in deinem Haus einkehren.«

Zachäus bleibt die Spucke weg, als Jesus ihn sieht und gleich mit seinem Namen anredet. Und ihr werdet euch auch wundern, woher er den Namen weiß. Also ich weiß das auch nicht, aber ich wundere mich auch nicht. Das ist nun mal bei Jesus so, der kennt jeden von uns mit Namen. Dich auch.

Bevor der Mensch sieht, wird er schon von Gott gesehen. Und ob sich der Mensch vor Gott versteckt wie Stammvater Adam hinter dem Baumstamm oder wie Zachäus hinterm Laub des Baumes – in jedem Fall entdeckt uns das Auge Gottes und ruft uns die Stimme Gottes bei unserem Namen: Komm her, ich habe mit dir ein Wörtchen zu reden!

Du fühlst dich da unten ziemlich sicher hinter dem Rücken deines Vordermannes, hinter der Säule, da oben auf der Empore. Und vielleicht bist du ganz zufrieden, daß du so anonym in der Menge des frommen Fleisches untertauchen kannst. Du versteckst dich wie Zachäus. Du bist neugierig wie Zachäus. Du bist ein distanzierter Beobachter wie Zachäus. Du bist ein Sünder wie Zachäus.

Und jetzt ruft dich Jesus wie Zachäus: Du, komm raus aus deinem Versteck, deiner reservierten Haltung, deiner skeptischen Verschwiegenheit, komm runter von deinem hohen Roß. Komm her zu mir! Zachäus läßt sich das nicht zweimal sagen. Als Zollbeamter weiß er: Wenn man erst mal entdeckt ist, kann man sich nicht mehr wie ein Chamäleon im grünen Laub verstecken, sondern da heißt es raustreten und Farbe bekennen, was man für einer ist.

Gefahr im Verzug

Was für einer bist du? Bist du ein Mensch, der zu Jesus will, oder hängst du bloß so im Leben rum, ohne zu wissen, zu wem du gehörst und was du eigentlich willst?

Heute ruft Jesus dich. Also steig raus aus der Rolle des kühlen Beobachters. Bleib nicht länger hängen im lächerlichen Geäst deiner Standpunkte. Klammere dich nicht mehr krampfhaft an deine Vorurteile. »Laß die Zweifel und Bedenken, laß dir Gottes Frieden schenken, Jesus ruft dich in sein Reich.«

Er ruft dich, genauso wie den Zachäus, zu einer schnellen

Entscheidung: »Komm sofort runter!« Jesus ruft dich in sein Reich. Warte nicht und komme gleich. Jetzt. Heute. In diesem Gottesdienst. In diesem Augenblick.

Jesus sagt zum Zachäus: »Ich muß heute in deinem Haus einkehren.« Heute – das heißt: Du hast keine Zeit zu verlieren. So, wie du bis jetzt rumhängst, unentschieden zwischen ja und nein, kannst du nicht bleiben. Du heißt nicht Zachäus. Du heißt Andreas oder Renate, du sitzt nicht auf einem Ast, sondern auf einer alten Kirchenbank. Aber das ist alles ganz unwichtig. Wichtig ist nur, daß du hörst. Jesus sagt jetzt zu dir: Komm entscheide dich, ich will heute in dein Leben.

Verstehst du: nicht morgen. Nicht übermorgen. Nicht nächsten Sonntag. Morgen kann es zu spät sein, weil der Ast, auf dem du sitzt, dann vielleicht schon abgebrochen und Jesus längst weitergezogen ist. Nutze den günstigen Augenblick der Gnade und mache es wie Zachäus: Der kam sofort.

Wie der Blitz rutschte er am Baumstamm runter, da zerschrabbelt er sich noch das andere Hosenbein. Macht nichts. Vers 6: »Er stieg sofort vom Baum und nahm Jesus auf mit großer Freude ... und Jesus sagte zu ihm: Heute hat Gott dich angenommen.«

Bisher hatte Zachäus die Leute nur ausgenommen, ihnen Geld weggenommen, und deshalb hatte er alle gegen sich eingenommen. Und da begegnet ihm einer, der für ihn ist. Da kommt, zum ersten Mal in seinem Leben, einer zu ihm, zu ihm in sein Haus, stellt sich vor allen Leuten auf seine Seite. So erlebt Zachäus, der alte, ausgekochte Sünder, zum ersten Mal im Leben, was Liebe ist.

Gesucht: schwarze Schafe

Und er ist glücklich. Es gibt ein Festessen, und hoch die Tassen, und er freut sich – aber alle anderen ärgern sich. Ein lautes Volksgemurmel geht los, weil Jesus sich ausgerechnet diesen lächerlichen Zwerg rangewinkt hat. Allgemeine Empörung, daß er ausgerechnet bei dem verhaßten Zöllner einkehrt. Das hatten sie von Jesus nicht erwartet.

Damals haben natürlich alle erwartet, daß Jesus zum Mittagessen beim Herrn Bürgermeister oder wenigstens beim Herrn Pfarrer einkehrt, aber doch nicht beim Zachäus, dem übelsten Schlitzohr von ganz Jericho. Deshalb das große Genöle über Jesus: »Bei einem Sünder ist er eingekehrt!« Eben dieser Satz, den die braven Bürger mit ihrer ganzen moralischen Entrüstung aussprechen, ist die frohe Botschaft unserer Geschichte, die Zusammenfassung der Weihnachtsgeschichte und der ganzen Bibel. Und wir sprechen diesen Satz nicht im Tone maulender Entrüstung, sondern dankbaren Triumphes: Bei einem Sünder ist er eingekehrt!

Gott sei es gedankt – Jesus kommt zu den Sündern, egal, ob es sich um einen reichen Ausbeuter wie Zachäus oder einen armen Proletarier wie Petrus handelt. An den Frommen, die sich einbilden, sie wären was Besseres und nur bei ihnen könnte Jesus einkehren – an denen marschiert er ohne Aufenthalt vorbei.

Denn er ist nicht auf der Suche nach den Selbstgerechten, sondern nach den Sündern. Die frommen Spießer läßt er stehen und geht zu den Ausgeflippten, die Spießruten laufen müssen wie der Zachäus.

Natürlich weiß Jesus, daß die Art, wie der die Leute betrügt, eine üble Schweinerei ist. Gerade weil er weiß: dieser Mann ist ein Betrüger, trotz seines Reichtums ein armes Schwein, ein Sünder, ein schwarzes Schaf der Gesellschaft, ausgestoßen und verloren – gerade deshalb geht er zu ihm.

Gerade die schwarzen Schafe liebt Jesus am meisten. Und gerade wenn du für dich schwarz siehst, wenn du in Schuld und Sünde steckst, sagt Jesus zu dir: Ich will in dein Leben. Vers 10: »Ich bin gekommen, um die Verlorenen zu suchen.«

So einfach ist das?!

Jesus sucht dich. Wenn manche das hören, schalten sie ab. Manche sind ständig auf der Flucht vor Gott. Sie merken genau, daß Jesus was von ihnen will, wissen aber nicht genau, was er von ihnen will. Die denken: Jesus macht hunderttausend Vorschriften: das darfst du nicht, und jenes darfst du auch nicht, bis dir das Leben überhaupt keinen Spaß mehr macht.

Aber wo steht denn das? Wo steht in unserer Geschichte ein einziges Wort, daß Jesus irgendwas verlangt, irgendwelche Bedingungen stellt? Das ist ja gerade das Herrliche, daß er keine Bedingungen stellt.

Er sagt nicht zum Zöllner: Zieh dich erst mal anständig an, werde erst mal ein anständiger Mensch, entschuldige dich bei allen, die du betrogen hast, zahl das geklaute Geld zurück, bring dein Leben erst mal in Ordnung. Und wenn du das alles gemacht hast, dann komme ich zu dir.

Er sagt vielmehr zu dem Zöllner, diesem Gauner, diesem Verräter, diesem miesen Menschen, diesem Ekel: Du, ich möchte zu dir. Das ist alles. Keine einzige Bedingung, aber eine einzigartige Verheißung: »Ich komme, um die Verlorenen zu suchen und selig zu machen.«

Glücklich will er dich machen. Also mach die Türe deines Herzens nicht länger vor ihm zu, sondern nimm ihn auf! Zachäus nahm ihn sofort auf. Er bekehrte sich auf der Stelle. Und die Echtheit seiner Bekehrung zeigt sich an der Reue über sein bisheriges Leben. Und die Echtheit der Reue zeigt sich daran, daß er sein Leben ändert.

Zachäus trat vor den Herrn und sagte: »Herr, ich verspreche dir, ich werde die Hälfte meines Besitzes den Armen geben. Und wenn ich jemanden betrogen habe, so will ich ihm das Vierfache zurückgeben.«

Vielleicht wirst auch du heute abend, wenn du heute Jesus in dein Leben aufnimmst, manches aus deinem Leben rausschmeißen: geklaute Gegenstände, geborgte Bücher, die du absichtlich nicht zurückgegeben hast, unterschlagenes Geld. Du kannst dir das jetzt noch gar nicht vorstellen, aber wenn du Jesus erst mal in dein Leben reinläßt, bekommst du von ihm die Kraft, dich zu ändern. Dann geht das.

Zachäus konnte sich auch nicht vorstellen, daß er es mal fertigbringen würde, den Leuten das geklaute Geld zurückzugeben und selber mit weniger Geld auszukommen. Aber irgendwie hat er sich gesehnt nach einem anderen Leben. Deshalb wollte er Jesus sehen. Und wenn du Jesus sehen und ein neues Leben haben willst, dann wirst du das geschenkt kriegen, wie der Zachäus.

Dem hat Jesus keine einzige Bedingung gestellt. Und dir stellt er auch keine. Er stellt sich ganz einfach vor dich hin und sagt: Du, ich möchte in dein Leben. Er sagt (Offbg. 3,20): »Hört gut zu: ich stehe vor der Tür und klopfe an. Wenn jemand meine Stimme hört und öffnet, werde ich bei ihm einkehren. Ich werde mit ihm essen und er mit mir.«

Heute abend steht Jesus vor der Tür deines Lebens. Du brauchst nichts zu tun, als ihn einzuladen und aufzunehmen. Du brauchst nur zu sagen: Ja Herr, komm in mein Leben. Und er wird so, wie er es versprochen hat, eintreten und dich glücklich machen. Ich weiß, daß er jeden rettet.

Nichts für Stolze

Matthäus 11, Verse 28–30:

(28) Kommet her zu mir alle, die ihr mühselig und beladen seid; ich will euch erquicken. (29) Nehmet auf euch mein Joch und lernet von mir; denn ich bin sanftmütig und von Herzen demütig; so werdet ihr Ruhe finden für eure Seelen. (30) Denn mein Joch ist sanft, und meine Last ist leicht.

Mal angenommen, es hätte vor 2000 Jahren in Palästina schon Wahlen gegeben. Und angenommen, Jesus hätte sich da als Kandidat beworben – der wäre glatt durchgeflogen. Beim größten Teil der Bevölkerung stieß er auf Gleichgültigkeit, Unverständnis, Widerspruch oder Haß. Die breite

Masse konnte mit ihm nichts anfangen. Und die besseren Kreise waren erst recht auf ihn sauer. Die Politiker haben ihn beargwöhnt. Die Fachleute haben ihn belächelt. Die Gebildeten haben ihn beleidigt. Die Theologen haben ihn bekämpft.

Die einzigen, bei denen er landen konnte, waren einfache Menschen. Zum Beispiel Arbeiter, die mit Ach und Krach ihre vier Jahre Volksschule drauf hatten, wie der Petrus. Hausfrauen, die weiter nichts kannten als Küche und Kochtopf, wie die Martha. Oder Frauen, die von Kopf bis Fuß auf Liebe eingestellt waren und sonst gar nichts. Das war sein Publikum.

Analphabeten, Außenseiter, verkrachte Existenzen, Kranke, mit einem Wort: die armen Schweine. Die verstanden, was Jesus wollte. Helfen wollte er ihnen, und das konnten sie brauchen.

Auch die anderen brauchten Hilfe. Auch die vornehmen Leute, die Reichen, die Mächtigen, die Gebildeten haben ihre Probleme. Aber die haben oft nicht den Mut, das zuzugeben.

Nichts für Stolze

Diesen Mut, zuzugeben, daß du Probleme hast, die du selber nicht lösen kannst, diesen Mut nennt die Bibel Demut. Und die Bibel sagt: Gott hilft dem Demütigen, den Stolzen gibt er Kontra. Die Voraussetzung für den Glauben ist also nicht die Dummheit, sondern die Demut. Und das Hindernis für den Glauben ist nicht die Bildung, sondern die Einbildung, der Stolz.

Die meisten Menschen sind stolz. Zu stolz, einen Fehler zuzugeben. Zu stolz, jemanden um Hilfe zu bitten. Zu stolz, sich was schenken zu lassen. Deshalb leben die meisten ohne Jesus. Sie brauchen ihn nicht. Sie wollen ihn nicht. Weil sie alleine fertig werden wollen. Solchen Menschen ist nicht zu helfen.

Ich habe schon oft, zum Beispiel nach solchen Jugendgottesdiensten, Diskussionen erlebt zwischen Christen und Atheisten. Der Christ antwortet: »Ohne Jesus kannst du gar nicht glücklich sein. Ich sage dir: du bist unglücklich.« Der Atheist weist das zurück: »Du kannst mir doch nicht einreden, ich wäre unglücklich. Mann, ich bin glücklich.« Darauf der Christ: »Meinetwegen, ich erlaube dir ja, daß du glücklich bist, aber ich sage dir: Ich bin noch glücklicher.«

Also – solche Diskussionen sind doch sinnlos. Wenn ein ungläubiger Mensch zu mir sagt, daß er sich vollkommen glücklich fühlt, muß ich ihm das glauben. Der Mann hat subjektiv einfach recht: er fühlt sich vollkommen glücklich. Die Frage ist bloß, ob sich seine Gefühle mit der objektiven Wirklichkeit decken.

Auch ein Betrunkener fühlt sich glücklich. Der liegt in seinem Dusel am Straßenrand, fühlt sich selig und sicher wie in Abrahams Schoß und ahnt nicht, daß ihn der nächste Laster plattfahren wird. Subjektiv fühlt der sich im siebenten Himmel, objektiv liegt er eine halbe Stunde später im Leichenschauhaus.

Aber nun versuch mal, den zu überzeugen, in welcher Gefahr er sich befindet und daß das Gefühl, das er gerade genießt, eine Illusion ist. Das schaffst du nicht. Der fühlt sich glücklich, und deine Hilfs- und Rettungsmaßnahmen sind dem nur lästig.

Zufrieden im Dreck?

Vor ein paar Wochen saß ich mit meinem Freund, dem Jörg, im Auto. Wir kamen von einer Evangelisation und fuhren in unser Quartier, auf ein Dorf. Landstraße, Nacht, zappenduster, eiskalt. Am nächsten Abend hatte ich sinnigerweise über das Thema »Begegnung am Straßenrand« zu predigen.

In einer Kurve sehen wir was liegen. Rauf auf die Klötze, raus aus dem Auto. Tatsächlich, da lag einer am Straßenrand auf

dem Schneehaufen. Die Flossen lang auf die Fahrbahn aus-
gestreckt, die Arme gekreuzt wie ein zufriedener Buddha.
Und grunzte. Hätten wir die Kurve ein bißchen schärfer genommen, hätten wir dem Typ die Beine abgefahren. Hätten
wir nicht gehalten, wäre er eine halbe Stunde später vielleicht erfroren gewesen.

Aber davon ahnte der nichts. Der war zufrieden, wo er lag.
Und als wir ihn im Auto mitnehmen wollten, sträubte der
sich. Er hielt uns für Polizisten und lallte immer nur einen
Satz: »Ich will nicht ins Gefängnis.«

Das muß man sich mal vorstellen: Da schickt Jesus uns
zweie nachts zu diesem Mann, um den heimzubringen, und
der will nicht. Wir bieten ihm an, ihn ins Bett zu schaffen, und
der denkt, wir schaffen ihn ins Gefängnis.

So geht mir das nun schon, seit ich predige. Da schickt Jesus
mich zu dir, um dich heimzubringen, aber du willst nicht. Jesus bietet dir an, dir Ruhe zu verschaffen für deine Seele.
Und du denkst, wenn du fromm wirst, kommst du in ein Gefängnis von spießigen Vorschriften und Verboten.

Begreifst du denn gar nicht, daß Jesus weiter nichts will, als
dir helfen? Er will dich doch nicht abführen in ein freudloses
Spießerleben, sondern er will dich mitnehmen in ein neues
Leben, wo du es nicht mehr nötig hast, deine Ängste im
Alkohol zu ersäufen, bis du im Straßendreck liegst. Mann,
laß dich doch von Jesus aus dem Dreck heben, in den du ge-
flogen bist!

Unser Freund am Straßenrand hat sich lange gewehrt, aber
schließlich haben wir ihn doch ins Auto gehievt und nach
Hause gebracht. Und dort kam das Erschreckendste: Der
Mann erkannte seine eigene Straße nicht. Er erkannte sein
Haus nicht. Als wir ihm die Wohnungstür aufschlossen und
ihn in seine vier Wände stellten oder besser: an die Wand
lehnten, erkannte er seine eigene Wohnung nicht.

Freiheit für Freiwillige

Totaler Filmriß. Daß wir den nach Hause gehuckt haben, war das mindeste, aber auch das Äußerste, was wir für ihn tun konnten. Grundsätzlich helfen konnten wir ihm nicht. Denn wenn einer in diesem Stadium des Alkoholismus ist, dann kann ihm nur noch geholfen werden, wenn er selber will, daß ihm geholfen wird.

David Wilkerson, ein amerikanischer Pfarrer, hat sich um solche Drogensüchtigen gekümmert. In seinen Rettungs-zentren sind viele Jugendliche durch Jesus von der Sucht befreit worden, aber immer nur solche, die frei werden woll-ten. Denn Wilkerson hatte einen Grundsatz: Aufgenommen wird nur, wer freiwillig kommt und darum bittet, geheilt zu werden. Die Freiheit, auch die Freiheit von der Drogen-sucht, kann man niemandem aufzwingen. Erst wenn einer angekrochen kommt und zugibt: »Ich bin fertig, ich kann nicht mehr, bitte helft mir« – erst dann kann er befreit wer-den.

Genauso ist es auch mit dem Glauben an Jesus. Wenn du dich ohne Jesus frei, zufrieden und glücklich fühlst – bitte! O.k. Ich mische mich da nicht ein. Wenn du Jesus nicht brauchst, werde ich ihn dir nicht aufdrängeln. Wenn du allei-ne zurechtkommst, habe ich dir heute nichts zu sagen. Jesus hat selber gesagt (Markus 2,17): »Die Starken brauchen kei-nen Arzt, sondern die Kranken. Ich bin gekommen, die Sün-der zu rufen und nicht die Gerechten.«

Aber wenn du mit irgendeinem Problem nicht fertig wirst; wenn da etwas in deinem Leben ist, das du nicht mehr ertra-gen kannst, nicht mehr aushalten kannst, worunter du lei-dest, was dich fertigmacht, wovon du frei werden möchtest – dann habe ich für dich eine gute Nachricht. Dann ruft Jesus dich. Dann meint er dich, wenn er sagt: »Kommt her zu mir alle, die ihr mühselig und beladen seid. Ich will euch Ruhe geben.«

Hauptsache: du kommst

Kommt her zu mir! Komm – das ist ein Lieblingswort von Jesus. Dieses Wort spielt eine große Rolle im letzten Kapitel der Bibel. In dem vorletzten Satz, den Jesus in der Bibel spricht (Offenbarung 22,17), da sagt er dieses Wort gleich dreimal: »Ich, Jesus, habe gesandt meinen Engel, solches euch zu bezeugen. Und der Geist und die Braut sprechen: Komm! Und wer es hört, der spreche: Komm! Und wen dürstet, der komme. Und wer da will, der nehme das Wasser des Lebens umsonst.«

Komm – das ist ein Befehl, das ist eine Verlockung, eine Einladung: Kommt her zu mir! Es geht nicht darum, daß du zur Kirche kommst, es geht nicht darum, daß du zum Pfarrer kommst. Es geht nicht darum, daß du zu einer Erkenntnis kommst. Es geht darum, daß du zu Jesus kommst, zu ihm persönlich.

Wie macht man das praktisch? Bei Jugendevangelisationen lade ich meist alle, die zu Jesus kommen möchten, dazu ein, aufzustehn und nach vorn zu kommen. Und mit denen, die nach vorn kommen, bete ich dann. Beten ist ja: mit Jesus sprechen. Ich spreche ein Gebet vor, und die sprechen es nach. Dieses Übergabegebet geht ungefähr so:

»Herr Jesus Christus, ich brauche dich. Ich habe gegen dich gesündigt. Vergib mir meine Schuld. Ich übergebe dir mein Leben mit Leib, Seele und Geist, mit Vergangenheit, Gegenwart und Zukunft. Übernimm die Herrschaft in meinem Leben und verändere mich so, wie du mich haben willst.«

Es ist nicht nötig, daß du dieses Gebet wörtlich so sprichst. Es ist nicht nötig, daß du aufstehst und nach vorn kommst. Es ist nur nötig, not-wendig, für dich lebensnotwendig, daß du zu Jesus kommst. Du kannst dort auf dem Platz, wo du sitzt, du kannst auf dem Heimweg, zu Haus oder nach dem Gottesdienst mit Jesus reden. Du kannst es alleine tun, du kannst dir auch von einem unserer Seelsorgehelfer helfen lassen.

Wann, wie, in welcher Form du zu Jesus kommst, ist schnuppe. Hauptsache: du kommst.

Das ist der erste Schritt, und Jesus bittet dich, ihn zu tun: Kommt her zu mir – alle! Alle – Jesus schließt keinen aus und schickt keinen weg. Auch dich nicht. Egal, wie groß die Angst ist, die dir im Nacken sitzt, wie schwer die Last ist, die dich quält, wie alt die Schuld ist, die dich fertigmacht: du kannst kommen. Und du kannst in Anspruch nehmen, du kannst Jesus auf das hin ansprechen, was er hier verspricht: Ich will euch Ruhe geben. Ihr könnt ausruhen, aufatmen.

Jesus verspricht nicht, daß wir dann mit einem Schlag frei sind von allen Lasten. Im Gegenteil: Er legt uns eine Last auf. Er fährt fort (V. 28): »Nehmt auf euch mein Joch und lernt von mir. Denn ich bin sanftmütig und von Herzen demütig. So werdet ihr Ruhe finden für eure Seelen. Denn mein Joch ist sanft, und meine Last ist leicht.«

Dann nimm sein Joch

Du kannst zu Jesus kommen, wie du bist. Er stellt keine Bedingungen. Er verlangt nichts. Aber wenn du zu ihm gekommen bist, verlangt er als erstes von dir, daß du sein Joch auf dich nimmst.

Als kleiner Junge habe ich auf einem Bauernhof gelebt. Mein größter Stolz war, wenn ich mit den Pferden fahren durfte. Mein größter Wunsch war, die Pferde anschirren zu dürfen. Aber das habe ich nie geschafft, denn das Joch, dieses Ding aus Holz und Leder, das die Pferde um den Hals gehängt kriegen, hat ein ziemliches Gewicht.

Auch für das Pferd ist es zunächst eine Belastung. So ein Gaul schlüpft doch nicht freudig ins Joch wie unsereiner in ein frisches T-Shirt, sondern versucht erstmal auszuweichen. Aber das Joch muß sein, denn ohne Joch konnte das Pferd die Lasten, die es zu ziehen hatte, nicht bewältigen. In Wirklichkeit ist das Joch also, obwohl es eine Belastung ist, eine Erleichterung, eine Hilfe zur Bewältigung von Lasten.

Freiheit so oder so

Viele denken, wenn sie zu Jesus kommen, kommen sie in die totale Freiheit. Frei von allen Lasten, Problemen, Vorschriften, und können machen, was sie wollen. Nichts ist falscher als das. Totale Freiheit gibt es nirgends – außer in der Propaganda des Teufels.

Der Teufel sagt dir: »Du kannst in dieser Welt leben, wie du willst. Du bist frei zu tun, wozu du Lust hast. Vorschriften des Gewissens, der Moral sind für dich ungültig. Nimm dir soviel Freiheiten, wie du willst. Schlafe mit wem du willst, wechsle deinen Partner, so oft du willst, saufe, soviel du willst, nimm Drogen – leiste dir alles, was du möchtest.«

So sagt der Teufel, und das ist nicht gelogen. In seinem Reich gibt es diese Freiheit tatsächlich. Ich muß dir nur sagen, daß das Reich des Teufels zum Untergang verurteilt ist wie ein sinkendes Schiff.

Wenn der Kapitän weiß, daß sein Schiff verloren ist, geht er zu den Passagieren und sagt: »Meine Herrschaften! Die Damen und Herren aus der 2. Klasse dürfen ab sofort die 1. Klasse benutzen, ohne nachzuzahlen. – Wer von Ihnen trinken möchte, bediene sich bitte selber an der Bar. Sie können soviel Whisky trinken wie Sie wollen. Alles kostenlos. Wenn Sie Fußball spielen möchten, steht Ihnen der Speisesaal zur Verfügung. Wenn dabei die Kronleuchter draufgehen – machen Sie sich keine Sorgen. Hier ist alles erlaubt. Ich wünsche Ihnen eine angenehme Weiterfahrt.«

Da werden die Leute sagen: »Was haben wir doch für einen netten Kapitän. Wir dürfen auf seinem Schiff tun, was wir wollen.« Ja, das stimmt, aber das ändert nichts daran, daß das Schiff in den nächsten Stunden untergeht.

Wenn du an Bord des Teufels bist, bist du zum Untergang verurteilt. Und wenn du nicht verlorengehen willst, dann hast du nur eine einzige Chance: Laß dich von Jesus retten. Steig aus beim Teufel! Komm an Bord zu Jesus.

Rettung bedeutet nach der Bibel: von einem Reich in das andere Reich versetzt werden, von dem Reich der Finsternis in das Reich des Lichts, von dem Reich des Teufels in das Reich Gottes.

»Gott«, so sagt die Bibel (Kol. 1,13), »hat uns errettet von der Macht der Finsternis und hat uns versetzt in das Reich seines lieben Sohnes.« Diese Versetzung geschieht durch die Taufe. Wassertaufe bedeutet: Du sagst dich vom Teufel los, du springst von seinem Kahn ab, du gehst unter im reinigenden Wasser, und da schnappt dich Jesus und setzt dich in seinen Kahn. Und los geht die Fahrt in ein neues Leben. Das ist Errettung.

Wenn du bei Jesus an Bord kommst, wenn du in Gottes Reich kommst, bist du frei von der Finsternis, frei von der Schuld, frei von den Ketten des Teufels – aber du bist nicht frei zu tun, was du willst. Sondern dann sagt Jesus zu dir: »Jetzt mußt du meinen Willen tun«, und du sagst: »Dein Wille geschehe.«

Der Unterschied zwischen dem Reich Gottes und dem Reich des Teufels besteht darin: Im Reich des Teufels lebt jeder nach seinem eigenen Willen, im Reich Gottes lebt jeder nach Gottes Willen. Der Apostel Paulus beschreibt das so (Röm. 6,22): »Nachdem ihr frei geworden seid von der Sünde, seid ihr Knechte Gottes geworden.«

Wenn du zu Jesus kommst, bist du nicht mehr dein eigener Herr. Da bekommst du einen neuen Herrn. Jeder erlebt seine Bekehrung anders. Aber in einem Punkt sind sich alle Bekehrten einig: Bevor ich Jesus traf, habe ich mein Leben selber bestimmt. Seit ich Jesus getroffen habe, bestimmt er mein Leben. Das ist der entscheidende Unterschied zwischen einem Leben mit oder ohne Jesus: Er befiehlt. Er ist der Herr. Darum heißt es auch in einem Übergabegebet: »Übernimm die Herrschaft in meinem Leben.«

Drei Kennzeichen

Der erste Schritt zu Jesus ist, daß du ihm dein Leben gibst. Der zweite Schritt ist, daß du sein Joch auf dich nimmst: »Nehmt auf euch mein Joch.« Mit diesem Joch meint Jesus seinen Willen, seine Gebote.

Zum Beispiel verlangt Jesus von dir, daß du anders bist als die anderen. Er verlangt, daß du immer die Wahrheit sagst. Er verlangt, daß du deinen Feind liebst. Er verlangt, daß du ihn mehr liebst als deine eigene Mutter.

Der Normalmensch sagt: Unmöglich! Und tatsächlich: Die Gebote von Jesus sind unmenschlich hart für den, der sich wehrt, aber sanft für den, der willig gehorcht.

»Mein Joch ist sanft«, sagt Jesus. Und das heißt: Mein Joch ist Maßarbeit. Das Leben, das ich dir gebe, ist keine Last, die dich wund scheuert. »Meine Last ist leicht«, sagt er. Das heißt: Das Schicksal, das ich dir zugemessen habe, ist deinen Bedürfnissen und Fähigkeiten genau angepaßt. Ich halse dir keine Belastung auf, die für dich zu groß wäre.

Du mußt dir also zwei Dinge merken. Erstens: Bei Jesus gibt es kein Leben ohne Lasten. Zweitens: Bei Jesus gibt es kein Leben ohne Verbindlichkeiten. Er ruft dich nicht zu sich, damit du dich ausruhst, sondern damit du sein Joch auf dich nimmst. Sein Joch nehmen heißt, ein verbindliches Leben mit Jesus führen.

Dazu gehört erstens regelmäßiges Gebet, zweitens regelmäßiges Bibellesen, drittens Leben in einer Gemeinschaft. Das sind die drei Kennzeichen eines verbindlichen Jüngerlebens. Komm zu Jesus und tu diese drei Dinge. So, nur so wirst du Ruhe finden für deine Seele.

Heimweh ist schlimmer als Durst

Johannes 7, Verse 37–39a:

(37) Aber am letzten Tage des Festes, der am herrlichsten war, trat Jesus auf, rief und sprach: Wen da dürstet, der komme zu mir und trinke! (38) Wer an mich glaubt, wie die Schrift sagt, von des Leibe werden Ströme des lebendigen Wassers fließen. (39) Das sagte er aber von dem Geist, welchen empfangen sollten, die an ihn glaubten.

Ich möchte euch von einem Fest erzählen, das jedes Jahr in Jerusalem gefeiert wurde. Ihr müßt euch das ungefähr so vorstellen wie das Fest, das ihr jetzt gerade feiert. Bloß mit dem Unterschied: Damals waren im Tempel viele Leviten, aber keine einzige Levi's-Hose; heute sind hier viele in Levi's-Hosen, aber kein einziger Levit.

Levi's und Leviten

Aber sonst war damals alles wie heute. Aus sämtlichen Ecken des Landes sind die Menschen angerückt mit Klampfe und Campingbeutel. Man begrüßt alte Bekannte. Die jungen Männer lassen ihre Augen über die Töchter des Landes schweifen. Der eine verliert sein Herz, der andere bloß seine Zahnbürste.

Man lacht, singt und trinkt gemeinsam ein Tröpfchen aus dem Henkeltöpfchen. Und natürlich nimmt man auch an dem großen Fest-Abschluß-Gottesdienst teil. Während vor dem Tempel die Posaunen blasen und drin die Gemeinde das Lied aus Jesaja 12 singt: »Ihr werdet mit Freuden Wasser schöpfen aus dem Brunnen des Heils«, holt ein Priester aus einer Quelle Wasser in einer goldenen Schale, schleppt es hoch in den Tempel, balanciert es durch die ehrfürchtige Menge bis vor zum Altar und gießt es dort aus.

Ein feierlicher Augenblick! Unbeweglich stehen die Massen, keiner wagt, auch nur einen Mucks zu sagen: es herrscht tiefe, ergriffene Stille.

Heeeeeh! brüllt da plötzlich einer wie so ein Bierverkäufer auf dem Jahrmarkt. Her zu mir, wer Durst hat! Bei mir gibt's was zu trinken!

Natürlich ist sofort die ganze feierliche Stimmung im Eimer. Kein Mensch interessiert sich mehr für den Priester mit seiner liturgischen Wasserkanne, sondern alles dreht sich um nach dem Typ, der da mitten in die Liturgie reingebrüllt hat. Dieser Randalierer heißt Jesus.

In unserem Text heißt es: »Am letzten Tag, auf dem Höhepunkt des Festes trat Jesus auf vor der Menge und rief mit lauter Stimme: Wer Durst hat, soll zu mir kommen und trinken!«

Heute ist der letzte Tag eures Festes. In ein paar Stunden ist alles vorbei, dann fahrt ihr alle wieder nach Hause, zurück in euren Alltag. Aber bevor ihr geht, sagt Jesus zu euch: Kommt her zu mir!

Nicht so klar

Ihr werdet jetzt sagen: »Was soll das heißen? Wir sind doch keine von der Straße reingelaufenen Leute, sondern wir sind meilenweit gelaufen, weil wir schon längst zu Jesus gehören. Wir sind ja überhaupt erst deswegen hierhergekommen, weil wir an ihn glauben. Das ist doch klar.«

Also so klar finde ich das gar nicht. Es gibt Leute, die gehen jahrelang mit Jesus, die beschäftigen sich mit ihm, die finden ihn sogar einsame Spitze – aber sie glauben nicht an ihn.

Ich denke da zum Beispiel an zwei junge Männer, die waren von Jesus so begeistert, daß sie über ihn eine ganze Oper geschrieben haben, die weltberühmt wurde, die Rockoper »Jesus Christ Superstar«. Superstar nannten sie ihn, aber sie glaubten nicht an ihn.

Genau solche Leute waren auch die Brüder von Jesus. Von denen wird hier ausdrücklich (7,5) festgestellt: »Seine Brüder glaubten nicht an ihn.«

Fromme Berieselungsanlage?

Dabei hatten sie ihn überhaupt erst eingeladen und gesagt: Hör mal, Bruder Jesus, wir feiern da zu Pfingsten in Leipzig – ich meine: zum Laubhüttenfest in Jerusalem ein großes Festival. Wir bitten dich: Komm mit!

Sie glaubten nicht an ihn. Aber bei der religiösen Feier, da wollten sie ihn dabei haben. Sowas gibt's. Und deshalb frage ich dich: Glaubst du an Jesus? Oder ist der für dich bloß so eine fromme Berieselungsanlage für Sonn- und Festtage? Jesus will dich nicht berieseln, der will deinen Durst löschen. Hier geht's nicht um den Durst, den du mit ein paar Bierchen stillen kannst und von dem die Trinker sagen: »Durst ist schlimmer als Heimweh«. Es ist nämlich genau umgekehrt: Heimweh ist schlimmer als Durst.

Sehnsucht nach dem verlorenen Paradies

Das Problem der Trinker ist ja gerade, daß sie eins über den Durst trinken. Die trinken weiter, auch wenn ihr Durst längst gelöscht ist. Und das beweist, daß es denen gar nicht um die Befriedigung ihres Durstes geht, sondern um ganz was anderes. In uns allen steckt das Heimweh nach dem verlorenen Paradies, nach einem Leben, das anders und besser ist, einfach nach einem Leben, das o.k. ist. In uns allen steckt eine ungeheure Sehnsucht nach Befriedigung, nach Glück.

Von welcher Quelle leben?

In uns allen steckt ein ungeheurer Lebensdurst. Jeder von uns versucht, seinen Lebensdurst auf seine Weise zu befriedigen. Und du weißt ja selber aus deinem Leben, was du schon alles ausprobiert hast, um glücklich zu werden.

Der eine sucht Befriedigung im Sex, der andere im Suff, der nächste in der Arbeit (»schaffe, schaffe, Häusle baue – fehlt Zement, dann gehste klaue«). Alles, was die Menschen tun und wofür sie die größten Opfer bringen, dient zuletzt nur dem einen Ziel: den Lebensdurst befriedigen. Von irgendeiner Quelle muß jeder trinken. Von welcher Quelle lebst du?

Du kannst mit allen Wassern der Philosophie gewaschen sein. Du kannst dich mit Schnaps vollaufen lassen und deine Adern mit Drogen vollpumpen. Du kannst aus dem Ozean der Weltreligionen Weisheiten schlürfen, du kannst aus den trüben Tümpeln der Horoskope und Wahrsagerei saufen, du kannst das eiskalte Wasser des atheistischen Materialismus schlucken – aber deine Seele wird dabei verdursten! Auf dem Marktplatz der Weltanschauungen wirst du überschwemmt von Parolen, die dir alle möglichen Sachen als Heilsquellen anpreisen. Ich preise dir Jesus an, der wie ein Marktschreier schreit: Her zu mir, wer Durst hat!

Nicht aus der Distanz

Damit meint Jesus: Ich kann deinen Lebensdurst stillen. Im Kapitel 6, 35 sagt er direkt: »Wer an mich glaubt, den wird nie wieder dürsten.«

Das ist zunächst eine Behauptung. Ob sie stimmt, kannst du aus der Entfernung nicht beurteilen. Du erfährst die Wahrheit nur, wenn du dein distanziertes Verhältnis zu Jesus aufgibst, wenn du zu ihm kommst.

Hier in diesem Glas ist Wein. Das ist zunächst eine Behauptung. Ob die stimmt oder ob es gewöhnliches Wasser ist, kannst du aus der Entfernung nicht beurteilen. Du erfährst die Wahrheit nur, wenn du herkommst und selber trinkst.

Die herrlichste Quelle nützt dir nichts, wenn du nicht zu ihr hingehst. Das Hingehen zur Quelle nützt dir nichts, wenn du nicht den Mund aufmachst und trinkst. Ohne deinen Entschluß, zu kommen und zu trinken, wirst du verdursten.

Deshalb sagt Jesus als erstes: Her zu mir! Her mit deinen Zweifeln, her mit deinen Problemen, deinen Tränen und Plänen, Freuden und Hoffnungen, her mit deinem ganzen Leben! Hast du ihm schon dein Leben übergeben?

Ein nüchterner Entschluß

Ich habe dich nicht gefragt, ob du getauft bist, wieviel du über Jesus weißt, wie lange du schon mit ihm gehst. Ich habe dich gefragt: Hast du ihm schon dein Leben übergeben? Irgendwann im Leben muß jeder Christ einmal ganz bewußt diesen Schritt tun. Ich betone: bewußt. Jesus will dich nicht besoffen machen. Du sollst dich nicht von frommen Gefühlen überschwemmen und von einer religiösen Welle mitreißen lassen.

Du sollst einen klaren, bewußten, nüchternen Entschluß fassen, mit deinem ganzen Willen sagen: »Ja, Herr Jesus, ich komme. Ich will dir gehören, ich will dir mein Leben übergeben. Und ich will auch das neue Leben, das du mir versprichst, das will ich haben.«

Schwimmwesten-Christen

Als unsere Kinder klein waren, da haben wir denen versprochen: »Wenn ihr schwimmen könnt, kriegt ihr fünf Mark.« Dann haben wir ihnen solche Schwimmkissen gekauft, haben ihnen erklärt, wie man schwimmt, haben sie ins Wasser gesetzt (sozusagen getauft), haben es ihnen vorgemacht – aber durch das alles waren die noch keine Schwimmer. Die wußten alles ganz genau, wie man's machen muß. Die sahen an uns Eltern, daß es auch ohne Schwimmkissen geht, die hatten alle Voraussetzungen, aber: sie hatten sich noch nicht entschlossen, selber loszuschwimmen.

Eines Tages sitzt eine unserer Töchter am Ufer eines Sees und stiert aufs Wasser. Auf einmal steht die auf, sagt: »Ich schwimme jetzt«, marschiert ins Wasser und schwimmt los. Ich war ganz entzückt und zückte den versprochenen Fünfmarkschein. Ich hüpfte wie Rumpelstilzchen am Ufer auf und ab und wedelte mit der Belohnung – und sie schwamm! Siehst du: Das ist Bekehrung. Da macht dir Jesus ein Angebot und sagt: »Komm her zu mir.« Und dann liegt es an dir, ob du kommst. Viele Christen bleiben ihr Leben lang bloß

Schwimmkissenchristen. Die haben sozusagen unter den einen Arm den Taufschein und unter den anderen die Bescheinigung der Gemeindezugehörigkeit geklemmt und denken, mit diesen beiden Papierflügeln könnten sie schon in den Himmel fliegen.

Nein! Ohne deinen persönlichen Entschluß kommst du nicht in Gottes Reich. Das seichte Massenchristentum genügt nicht! Deshalb hat Jesus damals einfach in die fromme Masse reingerufen: Her zu mir!

Irgendwann im Leben mußt du aus der Masse der unentschiedenen Christen heraustreten und eine klare Entscheidung für Jesus fällen. Wenn du das noch nie getan hast, dann meint Jesus dich, wenn er heute wieder ruft: Her zu mir! Du kannst diesen Schritt heute tun. Du kannst nachher hier vorkommen und vor allen bezeugen, daß du den Ruf gehört hast.

Überströmend

Liebe Freunde, natürlich weiß ich, daß viele von euch schon lange zu Jesus gekommen sind. Ihr seid gekommen, ihr habt getrunken, euer Durst ist gestillt, ihr habt ein neues Leben bekommen, ihr habt erreicht, was Jesus sagt: »Wer Durst hat, komme zu mir und trinke.«

Aber ist das alles? Habt ihr auch erreicht, was Jesus im nächsten Vers sagt: »Wer an mich glaubt, wie die Schrift sagt, von dessen Leibe werden Ströme des lebendigen Wassers fließen«?

Ich liebe dieses Wort. Es ist eine der herrlichsten Verheißungen der Bibel. Hier wird uns nicht nur Leben, sondern überströmendes Leben versprochen, und ich hoffe, daß heute in dieser Kirche eine große Sehnsucht entsteht nach der Fülle von Gottes Kraftstrom. Leute, gebt euch nicht zufrieden mit dem Schluck, der euch gerettet hat, sondern streckt euch aus nach dem vollen Segen, damit ihr alles kriegt, was Gott euch geben will: überströmendes Leben.

Einflußreich

Stell dir vor, was das heißt: Du brauchst keine einflußlose Null, du kannst eine einflußreiche Persönlichkeit sein. Du kannst mit dem Apostel Paulus sagen: »Ich kann alles durch den, der mir die Kraft gibt – Jesus.«

Ja, du! »Ich kann alles« – das hängt nämlich nicht davon ab, was du für Fähigkeiten hast, sondern ob du den Heiligen Geist hast. Vers 39: »Das« – das mit dem überströmenden Leben – »sagte er aber von dem Geist, welchen empfangen sollten, die an ihn glaubten. Denn der Geist war noch nicht da, denn Jesus war noch nicht verherrlicht.«

Damals im Tempel von Jerusalem, da war der Geist noch nicht da. Aber heute, zu Pfingsten 1976 in der Nikolaikirche Leipzig, da ist er da. Pfingsten, die Ausgießung des Geistes, hat stattgefunden.

Wir brauchen nicht mehr zu bitten, daß der Geist kommen möge, sondern wir können danken, daß er gekommen ist. Wir können mit Paulus sagen: »Die Liebe Gottes ist ausgegossen in unser Herz durch den Heiligen Geist, welcher uns gegeben ist.«

Das ist perfekt, das ist Fakt, das ist die Tatsache, von der du ausgehen kannst. Hast du diese Tatsache vergessen? Dann muß ich dich mit den Worten des Apostels Paulus fragen: »Wißt ihr nicht, daß euer Leib ein Tempel des Heiligen Geistes ist, der in euch wohnt?«

Nicht warten – danken!

Ich weiß nicht, mit welchen Erwartungen du hierhergekommen bist. Vielleicht hast du, weil Pfingsten ist, erwartet, in irgendeiner Form den Heiligen Geist zu erleben?

Ich sage dir: Hör endlich auf, auf den Heiligen Geist zu warten. Fang endlich an, für ihn zu danken! Danke, daß er in dir wohnt, dann wirst du was erleben! Dann wird in deinem Leben eine Revolution stattfinden. Danke Gott, daß er deinen

Leib gewürdigt hat, seine Wohnung zu sein, und du wirst erleben, daß von deinem Leibe Kraftwirkungen ausgehen.

Auf der Flutseite

Du und ich, wir leben auf der Flutseite von Pfingsten. Um uns herum ist der Boden trocken. Sieh dir doch die Gesichter der Menschen an, wie ausgedörrt sie sind von Enttäuschung, wie gierig nach ein bißchen Glück. Du kannst ihnen abgeben von der Liebe, die du empfangen hast. Jesus hat dich dazu berufen, daß von deinem Leibe Ströme des lebendigen Wassers fließen.

Und was ist los, wenn bei dir nichts fließt? Dann bist du ein toter Christ. Viele Christen sind wie das Tote Meer. Da fließt immer nur Wasser rein, aber nie welches raus. Was ist los, wenn es in deinem Leben nicht läuft? Dann ist irgendwas verstopft. Dann steckt an irgendeiner Stelle deines Lebens eine Sünde, die den Strom blockiert. Dann sage zu Jesus: »Herr, zeige mir, woran's liegt, was du ändern möchtest, was raus muß.«

Und dann raus mit der Sünde – und es wird ein Leben wunderbaren Segens beginnen, von dem du dir nichts träumen ließest, du und alle, mit denen du in Berührung kommst. Das hat Jesus denen versprochen, die an ihn glauben.

Volles Rohr, volle Pulle

Verstehst du: Es kommt alles darauf an, daß du volles Rohr an Jesus glaubst. Dann fließen die Ströme, volle Pulle. Die Probe kannst du gleich nächste Woche machen.

Morgen früh bist du wieder in deiner Klasse, wo du der einzige Christ bist. Wieder in deiner Familie, die dich ankotzt. In deiner Jugendgruppe, die so langweilig ist. Die Atmosphäre wird sich ändern, und zwar durch dich, wenn du an Jesus glaubst.

Glauben heißt nicht: Für wahr halten. Glauben heißt: Ich nehme in Anspruch. Nimm in Anspruch, was Jesus spricht: »Wer an mich glaubt, wie die Schrift sagt, von dessen Leibe werden Ströme des lebendigen Wassers fließen.«

Jesus erinnert hier an ein Wort aus dem Alten Testament. Durch den Propheten Jesaja hatte Gott gesagt: »Ich will Wasser gießen auf das Durstige und Ströme auf das Dürre, ich will meinen Geist auf deinen Samen gießen und meinen Segen auf deine Nachkommen.«

Diese Verheißung hat sich zum ersten Mal erfüllt, als Gott zu Pfingsten seinen Geist ausgoß. Diese Verheißung erfüllt sich auch heute für jeden, der glaubt – für dich und für mich.

Gebet

Ich bete:

Herr Jesus, ich glaube, daß das, was in der Bibel von dir geschrieben steht, stimmt. Ich glaube, daß du der Sohn Gottes bist. Ich glaube, daß du am Kreuz für mich gestorben und vom Tod auferstanden bist.

Weil ich das glaube, nehme ich jetzt auch deine Verheißung für mich in Anspruch und berufe mich auf deine eigenen Worte, daß vom Leibe dessen, der an dich glaubt nach der Schrift, Ströme des lebendigen Wassers fließen.

Ich danke dir, daß auf dich Verlaß ist und daß ich jetzt alles weitere deinem Heiligen Geist überlassen kann.

Jesus, ich preise deinen herrlichen Namen. Amen.

Gott senkt die Preise nicht

Matthäus 13, Verse 45–46:

(45) Abermals ist gleich das Himmelreich einem Kaufmann, der gute Perlen suchte. (46) Und da er eine köstliche Perle fand, ging er hin und verkaufte alles, was er hatte, und kaufte sie.

Zwei Typen stehen auf dem Rummel vorm Bierzelt. Gegenüber, bei der Zuckerwatte, stehen ein paar Puppen, Zuckerpuppen. Die eine winkt einladend. Sagt der eine Typ: »Guck mal, kennst du das Girl?« »Na klar«, sagt der andere, »das ist die Grippe.«

»Was? Wie heißt die? Grippe?« »Naja, die nennen wir eben so, weil sie jeder schon mal gehabt hat.«

Ein Mädchen, das jeder schon mal gehabt hat, ist nicht viel wert. Die billigen Flittchen, die du von der Straße weg mit ins Bett nehmen kannst, kannst du vergessen. Das ist nichts für die Dauer. Wenn du ein Mädchen für die Dauer suchst, für die Dauer eines ganzen Lebens, dann muß das eine sein, die du achten kannst, verehren. Sowas findest du kaum auf dem Rummel. Sowas mußt du suchen. Und wenn du eines Tages eine findest, von der du sagst: Die oder keine, dann bist du, um die zur Frau zu kriegen, zu jedem Opfer bereit.

Zu jedem Opfer bereit

Als erstes opferst du deine Bequemlichkeit. Früher warst du zu faul, auch nur um die Ecke bis zum Briefkasten zu gehen. Jetzt läufst du nachts, wenn der letzte Bus weg ist, von einem Ende der Stadt zum andern und findest das auch noch schön. Und was bisher keine Macht der Welt fertig brachte – daß du deine Jeans ausziehst und ins Opernhaus gehst, das machst du jetzt freiwillig: Du trabst mit Schlips und Bügelfalte in die Oper und zahlst auch noch Geld dafür, und nicht nur für dich, sondern auch für dein Mädchen. Für die gibst du dein Geld, deine Zeit, verzichtest auf dein Hobby, trennst dich von deinen Freunden, änderst deine Lebensgewohnheiten, bist wie verwandelt. Um die zur Frau zu kriegen, machst du alles, dafür zahlst du jeden Preis.

Gott hat seinen Preis

Und genauso, sagt Jesus, genauso ist es auch mit Gott. Auch Gott hat seinen Preis. Über diesen Preis möchte ich heute reden. Ich habe dir schon oft gesagt: Du kannst zu Gott so kommen, wie du bist. Gott liebt dich, er will dich haben. Aber wenn du seiner Einladung folgst, dann mußt du wissen: Gott will dich ganz. Dein ganzes Leben – das ist der Preis, den du zahlen mußt. Ohne Lebensübergabe kommst du nicht über die Schwelle von Gottes Reich. Auch heute lädt Jesus dich wieder ein und sagt: »Wer Gottes Einladung in sein Reich versteht, der handelt wie ein Kaufmann, der schöne Perlen sucht. Wenn er eine entdeckt, die besonders wertvoll ist, verkauft er alles, was er hat, und kauft sie.«

Gott ist kein Sack Kartoffeln

Das Reich Gottes ist also wie eine Perle, die man suchen muß. Das bedeutet, Gott liegt nicht einfach offen auf der Straße, daß ihn jeder im Vorbeigehen mitnehmen könnte. Gottes Reich ist nicht schon für jeden, der Verstand im Kopf hat, verstehbar und auf Anhieb zu begreifen, ist nicht für jeden, der Augen im Kopf hat, einsichtig.

Einen Sack Kartoffeln, den kannst du sehen, das ist was Reelles, daran kann man sich halten. Aber Gott kann man nicht sehen, und das ist für viele der Grund, ihn für einen Traum zu halten.

Heutzutage denkt ja jeder Dreikäsehoch, wenn er brav seine Portion Milch und Lebertran geschluckt hat, er hätte die Weisheit mit Löffeln gefressen und könne sich ein Urteil über Gott erlauben. Nach dem Motto: »Noch nie hat ein Mensch Gott gesehen. Also: Gott gibt's nicht.«

Dieser Ladenhüter aus der Mottenkiste der atheistischen Propaganda kann doch einen Christen nicht erschüttern. Denn der Satz: »Noch nie hat ein Mensch Gott gesehen«, der steht schon in der Bibel, Joh. 1,18. Davon rede ich ja die ganze Zeit: Gott kannst du nicht sehen wie einen Sack Kartoffeln.

Das ist ja der Grund, warum Jesus dauernd in Vergleichen spricht: Gottes Reich ist wie ein Schatz im Acker, wie eine Perle ...

An der richtigen Stelle suchen

Wenn du also Gott erkennen willst, mußt du ihn suchen. Aber bitte an der richtigen Stelle!

Zurück zu unserem Gleichnis. Ein Mann, der gute Perlen sucht, wird nicht gerade auf den Rummel gehen. Natürlich gibt's dort auch Perlen, an jeder Bude hängen sie reihenweise an der Stange. Aber bloß billige Dinger, Flitterzeug, das man noch nachgeschmissen kriegt.

Eine kostbare Perle schwimmt nicht auf der Oberfläche rum wie die jungen Gänse, sondern die liegt unten auf dem Grund. Du siehst sie erst, wenn das Wasser ganz ruhig ist. Du kriegst sie erst, wenn du in die Tiefe tauchst.

Und so wie die Perle in einer Muschel verborgen ist, so sind alle Schätze der Gotteserkenntnis verborgen in Christus.

Ich leugne nicht, daß Gott überall ist. Er ist in jedem Strauch und in jeder Erbse. Aber Gott hat nie gesagt: Sucht mich in den Sträuchern und Erbsen, sondern er sagt: Sucht mich in Christus. Das ist die einzige Stelle, wo ihr mich findet, unter Garantie. Das heißt praktisch: Wenn du Gott suchst, mußt du die Bibel lesen.

Mit drei Fragen

Manche Leute lesen die Bibel so: Aufklappen, ein paar Verse lesen – habe verstanden. Oder: Nichts verstanden, nach zwei Minuten wieder zuklappen, fertig. Das ist sinnlos.
Sondern wenn du gelesen hast, vielleicht mehrmals, dann klappst du nicht das Buch zu, sondern die Augen, hältst deine Klappe und stellst dir ein paar Fragen. Zum Beispiel:
Will ich das, was hier steht?
Habe ich das, was hier steht?
Tue ich das, was hier steht?
Wir wollen das gleich mal ausprobieren an den beiden Bibelversen, über die ich gerade predige, Matthäus 13, 45 und 46. Wenn du beim Lesen dieser zwei kleinen Verse die drei Fragen »Will ich, habe ich, tue ich, was hier steht?« mit JA beantworten kannst, dann trittst du heute in ein neues Leben ein.

Willst du das?

Also: »Mit dem Reich Gottes ist es wie mit einem Kaufmann, der gute Perlen suchte …« Erste Frage: Willst du, was hier steht? Hier steht: »Er suchte.« Suchst du Jesus? Suchst du ihn um jeden Preis? Oder bist du damit zufrieden, daß du seit deiner Taufe im großen Sack der Taufscheinbesitzer drinsteckst?
Der übliche Kirchenbetrieb, wo dir der liebe Gott zu gesenkten Preisen nachgeschmissen wird, wo du offiziell als Christ giltst, wenn du einen Taufschein hast und Steuern zahlst – das hat mit dem Reich Gottes überhaupt nichts zu tun. Das Massenchristentum ohne persönliche Entscheidung hat Jesus nicht gewollt.
Er will, daß dir nichts auf der Welt wichtiger ist als er. Und was ist für dich das Wichtigste?

Hast du das?

Zweite Frage: Hast du, was hier steht? Hier steht: »Er fand.«
Hast du Jesus gefunden? Hast du zu ihm ein persönliches
Verhältnis? Sprichst du, betest du zu ihm? Hast du Frieden?
Hast du ein reines Gewissen?
Wenn du eine Wohnung, ein Wochenendhaus, einen Wart-
burg und ein gutes Gewissen hast, ist vermutlich irgendwas
zuviel. Alles auf einmal kann der Mensch nicht haben.
Aber die Freude, von der Jesus redet, die kann der Mensch
haben, auch dann, wenn er kein Haus und kein Geld und
keine Gesundheit und kein Auto hat. Hast du diese Freude?
Bist du glücklich?
Mensch, hast du schon erfahren, wie herrlich das ist, mit Jesus zu leben?
Viele werden jetzt sagen: Nein, hab ich nicht. Ich habe keine
Freude, keine Kraft, keinen Frieden. Ich will dir sagen, woran das liegt. Das hängt mit der dritten, der wichtigsten Frage zusammen.

Tust du das?

Dritte Frage: Tust du, was hier steht? Hier steht: »Er ging hin
und verkaufte alles, was er hatte.« Hier hängt alles an dem
Wort »alles«!
Ein bißchen fromm sein, ein bißchen Religion, ein bißchen
Gott, darüber lassen wir schon mit uns reden. Aber alles tun,
was Jesus sagt, alles ihm übergeben, das wollen wir nicht.
Wir machen alle immer wieder den gleichen Fehler: Wir
wollen uns ihm nicht ganz ausliefern. Wir wollen, nachdem
wir Christ geworden sind, nach unserem eigenen Willen
weiterleben.
So wie Corrie ten Boom, die hat mal gesagt: »Ich war froh,
daß Jesus mein König ist, aber ich wollte doch lieber selber
Ministerpräsident bleiben.« Doch das geht nicht. Jesus sagt:
»Wer sein Leben erhalten will, der wird es verlieren. Wer

aber sein Leben verliert um meinetwillen, der wird's erhalten.«

Du kannst getauft und bekehrt sein, sooft du willst: Wenn du dein Leben selber bestimmen willst, lebst du an Jesus vorbei, kriegst du nichts von ihm mit. Jesus bietet dir an: Friede, Freude, Geborgenheit, Glück, sinnerfülltes, ewiges Leben. Das ist die Perle.

Was hast du noch?

Stell dir vor, ein Mann kommt und will diese Perle kaufen. »Ich möchte die Perle. Wieviel kostet sie?« Der Verkäufer sagt: »Sie ist sehr kostbar.« »Wieviel kostet sie?« »Ich sage doch: Sie ist sehr teuer.« »Meinst du, ich könnte sie kaufen?» »Ja, selbstverständlich. Jeder kann das.« »Aber du hast doch eben gesagt, sie wäre sehr teuer. Wie teuer ist sie denn nun?« »Sie kostet alles, was du hast. Nicht mehr und nicht weniger. Deshalb kann sie jeder kaufen.«

»Ich kaufe sie.« »Was hast du? Komm, wir schreiben mal auf.«

»Ich habe 5.000 Mark auf der Sparkasse.« »Gut, 5.000 Mark. Was noch?« »Mehr hab ich nicht. Das ist alles.« »Mehr hast du nicht?« »Naja, noch ein paar Mark in der Tasche.« »Wieviel?«

»Wolln mal sehn: 20, 30, 40 – 40 Mark.« »Gut, was hast du noch?« »Mehr hab ich nicht, das ist alles.« »Wo wohnst du?« »In meinem Haus.« »Garage hast du auch? Her damit. Was noch?«

»Soll das heißen, daß ich in meinem Auto wohnen soll?« »Hast du ein Auto?« »Ich hab zwei.« »Kriege ich auch. Alle beide. Was noch?« »Also jetzt hast du das Haus, die Garage, die Autos, alles – ich hab nichts mehr.«

»Du Ärmster! Bist du ganz alleine auf der Welt?« »Nein, ich hab eine Frau, zwei Kinder.« »Die kriege ich auch.« »Die auch?«

»Ja, alles, was du hast. Hast du noch was?« »Mehr hab ich

nicht, ehrlich. Jetzt bin bloß ich alleine noch übrig.« »Ja, du auch. Alles kriege ich: Frau, Kinder, Haus, Garage, Autos, Geld, Kleidung, alles. Und dich auch.«

Das ist der Preis. Totale Lebenshingabe. Unter dem tut's Jesus nicht. »Er verkaufte alles, was er hatte.« Hast du das schon getan? Bist du bereit, das zu tun?

Weiter benutzen

Es geht jetzt nicht darum, daß du morgen losrennst, deine sämtlichen Möbel und Klamotten verhökerst und dann in einer leeren Bude sitzt. Sondern es geht darum, daß du zu Jesus sagst: »Herr, alles, was ich bin und habe, ist dein Eigentum. Ich übergebe dir mein Leben. Mach damit, was du willst. Ich will dir gehorchen.« Wenn du Jesus so dein Leben übergibst, bedeutet das nicht, daß du keinen Besitz mehr haben darfst. Du darfst deine Klamotten, deine Schallplatten, deinen Recorder und deinen übrigen Kram ruhig weiter benutzen. Aber du darfst nie vergessen: das alles gehört jetzt Jesus. Genau wie du. Du bist nur der Verwalter. Und wenn er irgendwas braucht von den Dingen, die du jetzt benutzt, dann mußt du sie ihm geben. Du kannst zum Beispiel nicht großzügig sagen: »Ich stelle Jesus meine Zeit zur Verfügung.« Die Sache ist umgekehrt, mein Lieber: »Gott gab dir Zeit zum Leben, deshalb hast du auch Zeit.«

Das haben wir so oft gesungen, und so wenige haben es wirklich begriffen, sonst hätten wir nicht dauernd in der jungen Gemeinde Mangel an Mitarbeitern. Und wenn Jesus deine Zeit braucht, kannst du gleich gar nicht sagen: »Das geht jetzt nicht, das ist meine Zeit.« Nein, das ist eben nicht mehr deine Zeit, deine Wohnung, deine Gitarre, dein Leben, deine Frau, dein Geld, dein Tonbandgerät. Es ist alles Eigentum von Jesus. Genau wie du.

Wenn du Jesus dein Leben übergibst, ändert sich an deinem Besitz zunächst vielleicht gar nichts. Aber deine Einstellung zum materiellen Besitz, zum Leben, die ändert sich spürbar!

Meine Tassen, deine Tassen

Mit Gottes Reich ist es wie mit der Ehe. Wenn zweie heiraten, behalten beide ihr Eigentum. Aber keiner sagt mehr: das sind meine Tassen, das sind meine Schränke.

Was ihm gehört, gehört auch ihr, und umgekehrt. Beide behalten ihr Eigentum, aber es gehört auch dem anderen. Beide behalten ihren Willen, aber sie wollen den Willen des anderen tun. Beide bleiben die gleiche Persönlichkeit, aber sie gehören nicht mehr sich selber.

Das heißt nicht, daß du als Christ keinen Willen mehr hast. Doch, du hast nach wie vor deinen eigenen Willen, aber du willst jetzt nicht mehr deinen, sondern Seinen Willen tun. Um Ihm zu gehören, gibst du alles auf. Alles. Das ist der Preis.

Nicht verdaut?

Und was ist mit denen, die bloß den halben Preis zahlen? Was ist mit den Christen, die Jesus ihr Leben nicht völlig ausliefern? Diese Christen kotzen Jesus an. Schärfer als mit diesem harten Ausdruck kann dir Jesus gar nicht sagen, wie sinnlos jede Halbheit ist. »Ich weiß«, sagt Jesus (Offbg. 3,16), »ich weiß, daß ihr weder kalt noch warm seid. Wenn ihr wenigstens eins von beidem wärt! Aber ihr seid lauwarm, darum werde ich euch aus meinem Munde ausspucken.«

Was sind die Dinge, die wir rückwärts essen müssen? Wir müssen die Dinge erbrechen, die nicht verdaut sind. Die Christen, die Jesus ausspuckt, sind die, die sich nicht von ihm »verdauen lassen«. Mit »verdauen lassen« meine ich: Du stellst dich ihm ganz zur Verfügung. Du wirst verwandelt in Jesus.

Neulich – das heißt, es ist schon eine Weile her, also überneulich – aß ich ein Steak. Als ich es runter hatte, ging ich in meinen Magen. Da kam gerade der Magensaft an, um das Steak aufzulösen. »Guten Abend, Steak«, sagte er, »wie fühlst du dich?«

»Wunderbar. Was möchtest du?« »Ich komme«, sagte der Magensaft, »um dich aufzulösen und in Theo Lehmann zu verwandeln«. »Moment mal«, sagte das Steak, »es ist schon genug, daß der mich gegessen hat; aber völlig verschwinden – da mache ich nicht mit. Ich hab ja nichts dagegen, wenn ich hier in Theos Magen bin. Aber ich möchte, bitte sehr, ein Steak bleiben.«

»Tut mir leid«, sagte die Säure, »entweder du läßt dich jetzt auflösen und in Theo Lehmann hineinverwandeln, oder der Theo muß kotzen.« Ich mußte nicht. Das Steak ließ sich auflösen, es wurde ein Teil von mir.

Bevor ich das Steak aß, war es Teil einer unbekannten Kuh hinterm Lausitzer Gebirge. Kein Mensch hat das Vieh beachtet, wenn es auf der Weide pläkte. Aber jetzt, nachdem es sich hat auflösen lassen, predigt dieses Steak auf der Kanzel der Schloßkirche.

So ist es mit uns. Um bei Jesus »in« zu sein, mußt du ihm dein Leben ausliefern. Das meint er, wenn er sagt: »Wer sein Leben verliert, der wird es haben.« Dein Leben, das ist der Preis.

Gott senkt die Preise nicht

Solange es heißt: Jesus liebt dich, er gibt dir ein neues Leben, lassen sich das die Leute gefallen. Aber wenn die Rede aufs Bezahlen kommt, sind sie sauer.

Das war schon immer so. Als Jesus den Leuten Brot zu essen gab, da waren sie von ihm begeistert, da war er der King. Aber als sie merkten, daß er von ihnen etwas verlangte – was heißt hier »etwas«, alles, die totale Lebenshingabe –, da hauten viele wieder ab.

Er hat nicht gesagt: Nun ja, also gut, ich bin schon zufrieden, wenn ihr mir ein bißchen was von eurem Leben abgebt. Und mal einen Seitensprung, eine kleine Notlüge, da bin ich nicht kleinlich. Hauptsache, ihr seid irgendwie so'n bißchen christlich. Und meine Worte, die braucht ihr nicht so wörtlich zu nehmen. Nein, so billig hat sich Jesus nicht verkauft. Nicht ein Wort hat er zurückgenommen. Lieber hat er die Massen, die vor seinen radikalen Forderungen zurückschreckten, abwandern lassen. Er rennt euch nicht nach wie ein Bettler, er winselt nicht um eure Gunst, ob ihr vielleicht so lieb sein wollt, ihm ein bißchen zu folgen.

Er senkt euretwegen nicht die Preise. Er bleibt dabei: Gib mir dein ganzes Leben. Das ist der Preis.

Auch heute stellt euch Jesus, während die Massen in unserem Lande von ihm abfallen, vor die knallharte Entscheidung: Wollt ihr auch weggehen?

Ich bin entschlossen, dem Herrn zu folgen. Und jeder von euch, der auch dazu bereit ist, kann jetzt mitsingen:

»Ich bin entschlossen, dem Herrn zu folgen.«

Noah und die »windige Theologie«

Matthäus 24, Verse 35–39:

(35) Himmel und Erde werden vergehen; aber meine Worte werden nicht vergehen. (36) Von dem Tage aber und von der Stunde weiß niemand, auch die Engel nicht im Himmel, sondern allein mein Vater. (37) Aber gleich wie es zu der Zeit Noahs war, also wird auch sein die Zukunft des Menschensohnes. (38) Denn gleich wie sie waren in den Tagen vor der Sintflut – sie aßen, sie tranken, sie freiten und ließen sich freien, bis an den Tag, da Noah zu der Arche einging; (39) und sie achteten's nicht, bis die Sintflut kam und nahm sie alle dahin –, also wird auch sein die Zukunft des Menschensohnes.

Keiner kennt die Zukunft. Mit einer Ausnahme – das sind die Christen. Wir Christen sind die einzigen, die über die Zukunft Bescheid wissen, weil Jesus uns darüber Bescheid sagt. Er sagt: »Himmel und Erde werden vergehen.« Eines Tages ist der letzte Tag. Eines Tages ist Schluß. Eines Tages ist die Welt zu Ende.

Einige Anzeichen

Jesus nennt einige Anzeichen, an denen die Nähe des Endes zu erkennen ist, zum Beispiel:
 1. Es werden Leute auftreten, die von sich behaupten, sie wären Christus.
 2. Es wird Kriege geben.
 3. Es wird Revolutionen geben.
 4. Es wird ein Volk gegen das andere kämpfen.
 5. Es wird Erdbeben geben.
 6. Es wird Hungersnot geben.
 7. Es wird eine große Christenverfolgung geben. »Ihr werdet gehaßt werden um meines Namens willen von allen Völkern.«
 8. »Der Unglaube wird überhand nehmen«, deswegen wird
 9. »Die Liebe in vielen erkalten.«
10. »Es wird gepredigt werden das Evangelium vom Reich in der ganzen Welt zum Zeugnis für alle Völker.« Danach wird
11. Israel zum Glauben an Jesus kommen und
12. (Luk. 21. 25–27) »es werden Zeichen geschehen an Sonne und Mond und Sternen, und auf Erden wird den Leuten bange sein … und die Menschen werden verschmachten vor Furcht und vor Warten der Dinge, die kommen sollen über die ganze Erde. Denn auch der Himmel Kräfte werden ins Wanken kommen. Und dann werden sie sehen des Menschen Sohn kommen in einer Wolke mit großer Kraft und Herrlichkeit.«

Nun hat es schon zu allen Zeiten Kriege, Erdbeben und Hungersnöte gegeben. Aber es hat noch nie eine Zeit gegeben, wo so viele Anzeichen des Endes gleichzeitig da waren, und die Sammlung des Volkes Israel nach 2000 Jahren Zerstreuung ist eines der deutlichsten Zeichen unserer Zeit und der Endzeit.

Jesus kommt wieder

Mir geht es aber nicht um die Vorzeichen und auch nicht darum, wie das dann alles der Reihe nach ablaufen wird – da sehe ich im einzelnen selber auch nicht ganz durch. Mir geht's um das, worauf die Anzeichen hinweisen: die Wiederkunft von Jesus.

Das hat er selber immer wieder gesagt, und immer wieder hat man ihn gefragt: Wann?

Seine Antwort (Vers 36): »Den Tag oder die Stunde kennt niemand, auch nicht die Engel im Himmel, auch nicht der Sohn, sondern allein der Vater.«

Mach dir also keinen Kopp darüber, wann Jesus kommt. Überleg dir lieber, wie du dann vor ihm bestehen kannst, wenn du vor ihm stehen wirst. Jetzt kannst du dich ja noch vor ihm drücken. Aber wenn er wiederkommt, geht das nicht mehr. Die Bibel sagt (1. Joh. 3,2): »Wir werden ihn sehen, wie er ist.«

Dann mußt du der Tatsache ins Auge sehen, vor der du bisher deine Augen verschlossen hast, nämlich der Tatsache, daß Jesus lebt, daß die Christen nicht gesponnen haben, daß die Bibel kein Märchenbuch ist.

Du bist auf alle Fälle dabei

Wenn Jesus wiederkommt, kannst du dich nicht drücken, nicht mal durch den Tod. Denn die Toten werden auferstehen, und egal, ob du am Jüngsten Tag schon gestorben oder noch am Leben bist – bei dem Treffen mit Jesus bist du auf alle Fälle dabei.

Du wirst ihn sehen. Du wirst ihn sehen müssen. Und er wird

dich ansehen. Und er wird dich fragen. Und du mußt antworten. Im Jüngsten Gericht mußt du Rechenschaft geben über alles, was du getan oder auch nicht getan hast, über jede Lüge, jede Unterschrift, jedes Versagen, ja sogar über jedes unnütze Wort.

Es hängt ganz von dir ab, welches Urteil Gott dann über dich fällt und wo du die Ewigkeit verbringst: Entweder du lebst in Ewigkeit mit Gott – das ist der Himmel. Oder du lebst in Ewigkeit ohne Gott – das ist die Hölle.

Nicht vorstellen, sondern vorbereiten

Jetzt komm mir nicht mit dem Einwand, du könntest dir das alles nicht vorstellen – alle Menschen auf einem Haufen, wo die Platz haben und wie lange das Gericht dauern soll und so. Weiß ich auch nicht. Kann ich mir auch nicht vorstellen. Aber in der Bibel steht nicht, du sollst dir die Wiederkunft von Jesus vorstellen, sondern dort steht, du sollst dich darauf vorbereiten. Jesus sagt (Matth. 24, 44): »Seid bereit!«

Also: Bist du bereit? Bist du bereit, Jesus zu treffen?

Wenn du zur Kirche gehörst, heißt das noch lange nicht, daß du bereit bist. Deine Kirchenzugehörigkeit, deine Taufe, Konfirmation und kirchliche Trauung ist alles für die Katz, wenn keine völlige Hingabe an Jesus dahintersteht.

Deine Kirchensteuer, dein Kollektenopfer ist die reine Geldverschwendung, dein Bibellesen, Beten, Rennen in die Petrikirche ist die reine Zeitverschwendung, wenn du nicht bekehrt bist. Denn zum Bereitsein gehört zweierlei: erstens eine klare Bekehrung, zweitens eine praktische Heiligung. Bekehrung ist, wenn du dich von der Sünde trennst und an Jesus glaubst. Bist du bekehrt? Wenn nicht, dann bekehre dich heute. Und wenn ja – führst du ein Leben der Heiligung? Heiligung ist, wenn du das, was du glaubst, auch tust. Christsein ohne Bekehrung ist Nonsens. Bekehrung ohne Bewährung ist Nonsens. Bereitsein ist alles. Deshalb sagt Jesus: »Seid bereit!«

Mut für den heutigen Tag

Wenn wir an jedem Tag so leben würden, als ob es der aller-
letzte vor dem Jüngsten Gericht wäre – was für eine Veränderung würde das hier auf der Erde bewirken! Um diese
Veränderung geht es. Jesus will dir doch nicht Angst
machen vor dem Jüngsten Tag, sondern er will dir Mut machen für den heutigen Tag.

Lebe heute so, daß du morgen vor Jesus hintreten kannst –
dann lebst du frei, dann lebst du gut, dann lebst du richtig,
dann hast du das wahre, das ewige Leben.

Jesus geht es nicht um Vertröstung aufs Jenseits, sondern
um Veränderung des Diesseits. Deshalb sagt er (Matth. 24,
44): »Darum seid auch ihr bereit!«

Auch ihr! Also auch ihr hier, ihr Namenchristen, ihr Unentschiedenen, ihr Bekehrten und Unbekehrten. Jetzt können
wir uns noch selber und gegenseitig was vormachen. Aber
wenn Jesus kommt, ist es mit den frommen Spielchen und
auch mit dem großfressigen Getue vorbei. Dann kommt die
klare Scheidung der Entschiedenen und Unentschiedenen.
Dann ist es zu spät für Reue und Umkehr. Dann läßt sich
nichts mehr machen. Es gibt ein Zuspät.

Aber heute ist für dich doch nichts zu spät. Heute sagt dir Jesus klipp und klar, worauf es ankommt und was du zu erwar-
ten hast. Es kommt darauf an, daß du mit Jesus gehst, sonst
vergehst du im Feuer des Gerichts. 2. Petrus 3,7: »Die Welt
wird durch Feuer zerstört werden. Das geschieht an dem
Tage des Gerichts, an dem die Menschen, die Gott nicht gehorcht haben, verdammt werden.«

Frommer Horror?

Nun weiß ich natürlich, daß viele von euch denken: »Das
ganze Gerede von Wiederkunft, Totenauferstehung, Gericht, Verdammnis und Vergehen der Welt im Feuer ist
doch hirnverbrannter Blödsinn, Schauermärchen aus der

mittelalterlichen Mottenkiste, religiös verbrämte Science fiction, Angstmacherei, frommer Horror. Als moderner Mensch kann man sowas doch nicht ernstnehmen.«

Also, so modern ist deine Reaktion ja nun auch nicht gerade, denn auch das hat Jesus schon vorausgesagt. Als er gefragt wurde (Matth. 24,3): »Welches wird das Zeichen sein deines Kommens und des Endes der Welt?«, da antwortete er (Matth. 24,3 ff): »Wie es in den Tagen Noahs war, so wird auch sein das Kommen des Menschensohnes. Denn wie sie waren in den Tagen vor der Sintflut – sie aßen, sie tranken, sie freiten und ließen sich freien bis an den Tag, da Noah in die Arche hineinging: und sie achteten's nicht, bis die Sintflut kam und nahm sie alle dahin – so wird auch sein das Kommen des Menschensohns.«

Damals ließ Gott die Menschen durch Noah warnen. Aber, so heißt es hier, »sie achteten's nicht«. Sie haben ihn überhaupt nicht beachtet, einfach nicht für voll genommen. Die waren mit ganz anderen Dingen voll beschäftigt: »Sie aßen, sie tranken, sie freiten und ließen sich freien.«

Leben wie ein Hund?

Essen, Trinken und Heiraten sind sehr angenehme, nützliche, von Gott gewollte Beschäftigungen. Aber wenn von jemandem weiter nichts zu sagen ist als: er ißt, er trinkt, er hat Geschlechtsverkehr – da weiß man ja noch nicht mal, ob von einem Menschen oder einem Hund die Rede ist.

Denn Essen, Trinken und Sex – die drei Dinge hat der Mensch mit dem lieben Vieh gemeinsam. Aber schließlich muß es da doch noch einen Unterschied geben. Und den gab's damals eben nicht. Das Leben der Menschen vor der Sintflut erschöpfte sich in Saufen, Sex und Fressen. Das war alles. Darum drehte sich alles. Mehr war nicht drin. Mehr war zu ihrer Charakterisierung nicht zu sagen.

Die lebten sich selber, liebten sich selber, genügten sich selber. Und sowas wie Gott war völlig außerhalb ihres Gesichtskreises. Und nun sagt Jesus: So wie die Leute waren, bevor die Sintflut kam, werden sie auch sein, bevor ich wiederkomme. Und wie sind die Leute heute?

Treffend charakterisiert

Niemand kann leugnen, daß viele Menschen unserer Zeit treffend charakterisiert sind durch die drei Begriffe Saufen, Sex und Fressen.

Ich war im Sommer zur Kur. Fünf Wochen war ich zusammen mit Männern des unterschiedlichsten Niveaus, Einkommens, Bildungsgrades. Fünf Wochen lang Hauptthema der meisten: das Fressen, das Saufen, der Kurschatten.

Über die sexuelle Zügellosigkeit der Menschen zu Noahs Zeiten wird in der Bibel ausdrücklich berichtet. Über die Sexwelle unserer Zeit brauche ich mich nicht zu verbreiten, die ist schon breit genug, und ihr wißt selber am besten, was los ist.

Bleiben wir mal beim Essen und Trinken. Seit Jahrzehnten sterben in jedem Jahr 50 Millionen Menschen, weil sie nicht genug zu essen haben. Und 500 Millionen Kinder haben nur unsauberes Wasser zum Trinken, was für Millionen Krankheit und Tod bedeutet. Die Hungernden werden nicht weniger, sondern immer mehr. Die Reichen werden immer reicher, die Armen immer ärmer.

Das ist nichts Neues. Das sagt heute jeder politische Redner, das sage ich ungefähr in jeder dritten Predigt, das ist euch schon langweilig, und das ist das Allerschlimmste. Jesus hat gesagt: Bevor er kommt, kommen Hungersnöte, und die Liebe wird in vielen erkalten.

Wir leben schon längst im Zeitalter der Lieblosigkeit, wo jeder eiskalt nur an die eigene Wampe und jedes Volk nur an den eigenen Wohlstand denkt. Sonst wäre es ja nicht möglich, daß in jeder Minute acht Menschen verhungern, während gleichzeitig an jedem Tag eine Milliarde Dollar für Waffenproduktion ausgegeben wird. »Nach uns die Sintflut« – das ist das Motto der Rüstungsgesellschaft, der Umweltverschmutzer, der Wohlstandsgesellschaft. Und wenn du mit dem Strom schwimmst, wird die Flut dich mitreißen. Die Flut um uns steigt. Es steigen die Rüstungsausgaben, die Abtreibungen, der Aberglaube, der Alkoholismus, die Selbstmorde und Ehescheidungen, die Kriminalität und die Gewalt, die Angst und der Terrorismus, die Preise. Jede Nachrichtensendung bestätigt die Angaben der Bibel. Die Vorzeichen der untergehenden Welt, wie Jesus sie genannt hat, sind vor unseren Augen. Die Zeichen der Zeit sind nicht zu übersehen, aber die Menschen unserer Zeit wollen sie nicht sehen, genau wie die Menschen zur Zeit Noahs: »…und sie achteten nicht darauf.«

»Auf dem Berg ein Irrer!«

Da lebte also unter den Menschen damals ein Mann, von dem die Bibel (1. Mose 6,9) sagt: Er lebte mit Gott. Er ließ sich nicht von der Sex-, Sauf- und Freßwelle mitreißen. Er lebte nicht nach den Idealen seiner damaligen Gesellschaft: Wohlstand und Wachstum. Er baute sich nicht zusätzlich zur Villa noch eine winterfeste Datscha, er baute sein Leben nicht auf materiellen Besitz auf, sondern er baute sein Leben auf Gott.

Deshalb baute er, als Gott es ihm befahl, ein Schiff. Und was für eins! 145 Meter lang, drei Decks mit einer Deckfläche von 89 000 Quadratmetern – das sind ungefähr 18 Fußballfelder, da passen mehr drauf als ein Elefant und zwei Eichhörnchen. Rauminhalt 39 500 Kubikmeter, also ein Brummer von der Größe eines heutigen Ozeanriesen.

Und dieses Monstrum von einem Schiff baut der Noah mit seinen Söhnen genau nach den Angaben, die Gott ihm gemacht hat (1. Mose 6,22): »Und Noah tat alles, was Gott ihm gebot.« Er baut mitten auf dem Festland. Mitten im Gebirge. Weit und breit kein Wasser. Am Anfang war der Mann natürlich eine Sensation. »Ham Sie schon gehört? Oben auf dem Berg sitzt ein Irrer, der baut sich ein Schiff!« Sonntagnachmittag rammelt alles raus, um sich den Verrückten anzugukken.

Tatsächlich hobelt der da an riesigen Planken rum, bastelt an seiner Arche! Muß irgendwie nicht ganz rundlaufen, der Kollege Noah.

Interview mit Radio Eriwan

Ein Reporter vom Sender Eriwan macht sich an ihn ran, hält ihm das Mikrofon unter den Bart:

»Herr Noah, wir sind alle sehr beeindruckt von Ihrer Hobbytätigkeit. Würden Sie bitte uns und unseren Hörern an den Lautsprechern sagen, was Sie gerade bauen?«

»Ein Schiff.«

»Ein Schiff, sehr interessant. Also im Moment sieht es ja noch mehr aus wie die Kongreßhalle in Karl-Marx-Stadt. Also gut, ein Schiff. Und was haben Sie mit dem Schiff vor?«

»Schwimmen.«

»Schwimmen? Sehr interessant. Hier oben im Gebirge? Fehlt Ihnen da nicht ein bißchen was hier oben? Ich meine, fehlt Ihnen nicht ein bißchen Wasser hier oben?«

»Es wird 40 Tage lang regnen, dann ist das Wasser auch hier oben.«

»40 Tage lang Regen? Was Sie nicht sagen! Das widerspricht zwar allen Erfahrungen der Wissenschaft. Auch können unsere Meteorologen, die noch nie gelogen haben, nirgends Anzeichen für einen solchen Überschuß an Regen sehen; aber auf alle Fälle werde ich in Zukunft nur noch mit dem Regenschirm ins Büro gehen, höhöhö, Gummistiefel, Schirm und Hut schützen mich vor jeder Flut.

Sagen Sie, Herr Noah – wie sind Sie denn auf die irre Idee, Verzeihung: auf die interessante Idee gekommen, dieses, äh, dieses Schiff zu bauen? Und mit dem Regen – woher wissen Sie das eigentlich alles?«

»Von Gott.«

»Wie bitte?«

»Von Gott.«

»Entschuldigen Sie, Herr Noah, Ihre Black & Decker macht solchen Lärm, ich hab da jetzt wohl was nicht richtig verstanden – von wem hatten Sie Ihre Informationen?«

»Von Gott, Gott hat es gesagt.«

»Herr Noah, gestatten Sie eine letzte Frage. Sie berufen sich hier auf das Wort Gottes. Sind Sie studierter Theologe?«

»Nein.«

»Na sehen Sie, da haben wir's. Sie sind also ein Laie. Also einer, der so ganz naiv einfach das Wort Gottes ernst nimmt.«

»Genauso ist es.«

»Moment mal, nun sagen aber die Theologen, man könne das Wort Gottes nicht so wörtlich nehmen. Wenn Gott sagt: Es kommt eine Flut, dann muß man das bildlich, symbolisch verstehen, verstehen Sie, im übertragenen Sinne.
Betrachten wir mal das Wort Flut. Flut – das sind die gleichen Buchstaben wie Luft. Gott meint also nicht: es kommt Wasser, sondern: es kommt Luft. Viel Luft. Viel Luft = Wind. Also will Gott sagen: Es wird windig. Was halten Sie von dieser Theologie?«

»Die ist mir zu windig. Ich halte mich lieber an das Wort Gottes. Und wenn Gott sagt: Es kommt eine Flut, dann kommt eine Flut.«

»Wortwörtlich? Ist das Ihr letztes Wort?«

»Ja.«

»Herr Noah, wir danken Ihnen für das Interwiev und verabschieden uns von Ihnen mit dem Gruß ›Seefahrt ahoi!‹«

Alle haben gelacht

Alle Welt ist sich einig: Der Mann hat eine echte Macke, daran ist kein Zweifel. Und als Noah später mit dem gesamten Viehzeug in die Kongreßhalle – Verzeihung: in die Arche marschiert, ist klar: Jetzt ist er völlig durchgedreht.

Die Leute haben ihn verspottet, haben gejohlt, gewiehert – Noah blieb dabei: »Gott hat es mir befohlen.« Und über diese Begründung haben die Leute am meisten gelacht.

Noah hat sich als Mensch seiner Zeit auch nicht vorstellen können, daß es 40 Tage lang regnet und das Wasser bis über die Berggipfel steigt. Aber Gott hat ihm ja nicht gesagt, er soll sich das vorstellen, sondern er solle sich darauf vorbereiten.

Und auch als alle sagten, er habe eine Macke, blieb er dabei: Gott hat es gesagt, also wird es so kommen. Und auch wenn ihr alle sagen würdet, ich hätte eine Macke, bleibe ich dabei: Jesus hat es gesagt, also wird es so kommen. Er wird so kommen, wie er es angekündigt hat, zu richten die Lebenden und die Toten. Erfolg der Predigt des Noah: »Sie achteten nicht darauf.« 120 Jahre lang hatte Noah Zeit, mit seinen Söhnen die Arche zu bauen und die Menschen zu warnen. 120 Jahre lang: »Sie achteten nicht darauf.« Sie hatten Wichtigeres zu tun, als sich zu bekehren: Saufen, Fressen und Sex. »Heut machen wir einen drauf. Nach uns die Sintflut!«

Und dann kam der Regen. Und dann stieg das Wasser, wurde zur Flut, die alles überschwemmte, auch die Gebirge.

Und Noahs Kasten hob ab vom Berg, schwamm. Dieses Ungetüm von einem Schiff schwamm – und er und alle, die in der Arche hockten, wurden gerettet. Alle anderen gingen im Wasser unter.

Das nächste Mal, sagt Gott, kommt nicht Wasser, sondern Feuer, denn (2. Petr. 3,7): »Die Welt wird durch Feuer zerstört werden. Das geschieht an dem Tag des Gerichts, an dem die Menschen, die Gott nicht gehorcht haben, verdammt werden.«

Du weißt Bescheid

Gott überfällt uns mit seinen Gerichten nicht ohne Vorwarnung. Er hat es den Menschen zu Noahs Zeiten vorhergesagt, was kommt. Und er sagt es heute den Menschen vorher.

Heute sagt er es dir. Und du kannst am Jüngsten Tag nicht sagen: »Ich wußte nichts davon.« Doch, du weißt jetzt Bescheid. Also: Sei bereit.

Niko und Nikodemus

Johannes 3, Verse 1–10:

(1) Es war aber ein Mensch unter den Pharisäern mit Namen Nikodemus, ein Oberster unter den Juden. (2) Der kam zu Jesus bei der Nacht und sprach zu ihm: Meister, wir wissen, daß du bist ein Lehrer, von Gott gekommen; denn niemand kann die Zeichen tun, die du tust, es sei denn Gott mit ihm. (3) Jesus antwortete und sprach zu ihm: Wahrlich, wahrlich, ich sage dir: Es sei denn, daß jemand von neuem geboren werde, sonst kann er das Reich Gottes nicht sehen. (4) Nikodemus spricht zu ihm: Wie kann ein Mensch geboren werden, wenn er alt ist? Kann er auch wiederum in seiner Mutter Leib gehen und geboren werden? (5) Jesus antwortet: Wahrlich, wahrlich, ich sage dir: Es sei denn, daß jemand geboren werde aus Wasser und Geist, sonst kann er nicht in das Reich Gottes kommen. (6) Was vom Fleisch; und was vom Geist geboren wird, das ist Geist. (7) Laß dich's nicht wundern, daß ich dir gesagt habe: Ihr müsset von neuem geboren werden. (8) Der Wind bläst, wo er will, und du hörst sein Sausen wohl; aber du weißt nicht, woher er kommt und wohin er fährt. Also ist ein jeglicher, der aus dem Geist geboren ist (9). Nikodemus antwortete und sprach zu ihm: Wie mag solches zugehen? (10) Jesus antwortete und sprach zu ihm: Bist du ein Meister in Israel und weißt das nicht?

Nicht jeder, der als politischer Verbrecher bezeichnet wird, ist einer. Aber es ist in jedem Fall gefährlich, mit solchen Leuten befreundet zu sein.

Jesus war kein politischer Verbrecher. Doch man hat ihn wegen staatsgefährdender Äußerungen, Aufwiegelung der Volksmassen und Gotteslästerung öffentlich gehenkt. Wer an seiner Beerdigung teilnahm, solidarisierte sich mit einem Mann, der offiziell als Verbrecher galt. Wer sich an dessen Grab sehen ließ, machte sich damit selber verdächtig, gefährdete seine Karriere.

Man kann ein kleines Blumensträußchen verschämt unter der Jacke verstecken, aber nicht einen riesigen Kranz. Damals ging man nicht mit Kränzen zur Beerdigung, sondern mit duftenden Kräutern. Man kann eine Handvoll Kräuter verschämt unter der Jacke verstecken, aber nicht einen Sack voll. Hundert Pfund solcher Kräuter – das ist nicht zu verstecken, nicht zu übersehen, nicht zu überriechen. Das muß ja den Spitzeln in die Nase fahren, die ganz unauffällig an den Ecken stehen und Maiglöckchen verkaufen.

Vor deren Augen hastete ein Mann durch die abendlichen Gassen Jerusalems in Richtung Friedhof. Er kann nicht warten, bis es Nacht ist, um im Schutz der Dunkelheit an das Grab Jesu zu schleichen. Denn wenn es dunkel wird, beginnt der Feiertag. Da darf niemand mehr mit einer Last auf der Straße sein. Und er schleppt eine Last: Auf dem Buckel huckt er so einen »Emmes« von Rucksack mit 100 Pfund Kräutern.

Dieser Mann, der hier im vollen Licht der Öffentlichkeit zum Grab von Jesus geht, sich voll zu Jesus bekennt, heißt Nikodemus. Ich weiß nicht, wie der so ein mutiger Christ geworden ist. Ich weiß nur, daß er früher Angst hatte, in der Nähe von Jesus erwischt zu werden. Er stand Jesus ganz fern, so wie viele von euch. Und er konnte sich, so wie viele von euch einfach nicht vorstellen, wie man Christ werden kann. Er hat sich mal über diese Frage mit Jesus unterhalten. Und das will ich euch jetzt erzählen.

Spitzenfunktionär und Professor

Nikodemus war, was seine äußeren Lebensumstände betrifft, ein beneidenswerter Mensch. Er war reich. Er war Spitzenfunktionär des jüdischen Staatsapparates und ein gelehrter Professor. Höher als er konnte man nicht steigen. Mehr als er konnte man im Leben nicht erreichen. Eine größere Karriere war nicht drin. Und trotzdem war dieser Mann unzufrieden.

Einer aus unserer jungen Gemeinde hat mal einen Abend gehalten über das Thema: Karriere. Es ging um die Frage: Was ist wichtiger – die Karriere oder Jesus. Er meinte: Jesus. Später hat er seine Meinung geändert. Er ließ Jesus mal beiseite und widmete sich nur noch seiner Karriere. Vor ein paar Tagen habe ich ihn getroffen. Er hat tatsächlich alles erreicht, was er wollte und was man als junger Mann in seinem Alter haben kann: Er hat einen Studienplatz, eine Frau, eine Wohnung. Aber: Er hat keinen Frieden. Unzufrieden ist er. Nur Genöle. Mit allem hatte er Schwein, bloß nicht mit dem Glück. Denn zum Glücklichsein gehört offenbar mehr als ein Studienplatz, Wohnung, Ehefrau. Man hat ja bloß meistens keine Zeit, über das alles nachzudenken. Am Tage muß man arbeiten, am Abend fernsehen.

Gedanken in der Nacht

Aber in der Nacht, wenn alle Apparate und Lichter abgeschaltet sind, da kommen einem so allerhand Gedanken. Und die Gedanken, die kann man ja nicht einfach abschalten wie die Nachttischlampe. Eines nachts sitzt Professor Nikodemus in seiner Gelehrtenstube. Er kaut an der Frage: »Was kommt bei meinem Leben eigentlich raus? Sicher – ich habe es zu etwas gebracht. Meine Karriere soll mir erst mal einer nachmachen. Aber: Was ist der Sinn vom Ganzen?«

Professor Nikodemus merkt, daß ihm etwas fehlt. Er kann

nicht konkret sagen, was ihm fehlt, er merkt nur, daß ihm etwas fehlt. Da pustet er kurz entschlossen seine Lampe aus, zieht sich einen dunklen Mantel über und schleicht im Schatten der Häuser durch die nächtlichen Gassen von Jerusalem.

(Joh. 3) »Es war aber ein Mensch unter den Pharisäern mit Namen Nikodemus, ein Oberster unter den Juden. Der kam zu Jesus bei Nacht.«

Nikodemus geht zu Jesus, weil er fühlt: Irgendwie hat der mit dem zu tun, was mir fehlt. Und er erwartet, daß er das von Jesus kriegt. Er kommt also zu Jesus mit einer bestimmten Erwartung. Genauso wie du mit einer bestimmten Erwartung in diesen Abendgottesdienst gekommen bist. Du erwartest vielleicht, daß du heute abend frei wirst von deiner Angst. Loskommst von deiner Wut. Wegkommst über deine innere Leere. Hinwegkommst über deine Trauer. Du erwartest Sinngebung für dein Leben, und du hoffst, diesen Sinn bei Jesus zu finden. Das erwartest du, wenn du hierherkommst.

Du gibst das natürlich nicht zu. Im Gegenteil: Du protestierst jetzt und sagst: »Da muß ich Sie aber enttäuschen, Herr Pfarrer. Von Jesus erwarte ich nämlich überhaupt nichts. Ich bin hier nicht wegen Ihrem Jesus, sondern wegen Ihrer Witze, schlichtweg wegen Langeweile.«

Niko und Nikodemus

Na gut, mein lieber Niko – wenn ich Niko sage, meine ich dich, wenn ich Nikodemus sage, meine ich den Professor –, also gut, Niko, wollen wir uns nicht streiten, wollen wir lieber sehen, was unser Professor macht.

Na, der macht dasselbe wie du: Er gibt mit keiner Silbe zu, daß er Probleme hat. Kein Wort, daß er sich am Leerlauf seines Lebens wundscheuert, daß er sich danach sehnt, ein anderer Mensch zu sein. Nur ja nicht zugeben, daß er Hilfe braucht, einen Helfer, einen Heiland, einen Erlöser.

Überhaupt nicht! Professor Nikodemus ist gekommen, um ein wenig zu plaudern, zu diskutieren. Will sich mal mit diesem Jesus ein bißchen unterhalten. Interessiert ihn einfach, der Mann. Eine kleine theologische Debatte unter Fachleuten – mehr nicht.

Statt also die Frage zu nennen, die ihn da nachts umtreibt, die Frage nach dem persönlichen Seelenheil, statt zu fragen, was er nicht weiß, redet er von dem, was er weiß.

Vers 2: »Meister, wir wissen, daß du bist ein Lehrer, von Gott gekommen, denn niemand kann die Zeichen tun, die du tust, außer wenn Gott mit ihm ist.«

Komplimente

Der Mann hat also eine ziemlich hohe Meinung von Jesus. Aber Jesus sucht nicht Leute, die von ihm eine hohe Meinung haben, sondern solche, die ihn lieb haben. Jesus will keine Bewunderer, er will Nachfolger.

Deshalb geht er auf diesen Schwall von höflichen Redensarten überhaupt nicht ein. Er sieht doch dem Professor an der Nasenspitze an, daß der mehr sucht als eine geistreiche Unterhaltung. Er geht deshalb mit seiner Antwort überhaupt nicht auf die schmeichelhaften Unverbindlichkeiten ein, sondern er beantwortet die Frage, die Nikodemus in Wirklichkeit interessiert. Also die Frage: Jesus, wie werde ich ein neuer Mensch, wie finde ich in meinem Leben einen Sinn?

Vers 3: »Jesus antwortet: Ich versichere dir: Nur wer von neuem geboren ist, wird Gottes Reich sehen.«

Mit anderen Worten: Jesus stellt dem Herrn Professor Nikodemus die Frage, vor der sich viele Christen, auch christliche Professoren, so fürchten, nämlich die Frage: Bist du wiedergeboren?

Wir wissen

Da gibt es unter den Christen, vor allem unter den Professoren, so viele, die fangen jeden Satz so an wie Nikodemus: Wir wissen. Die stochern in der Bibel rum und sagen uns: Wir wissen, dieser Vers ist echt. Wir wissen, dieser Vers ist unecht. Wir wissen, daß Jesus das und das gar nicht gesagt hat. Wir wissen.

Eine von denen, die auch alles ganz genau weiß, ist Frau Professor Dr. Eta Linnemann von der Universität Marburg. Sie ist eine Schülerin von Bultmann, eine entschiedene Vertreterin der sogenannten modernen Theologie. Das heißt, sie ist es nicht, sondern sie war es.

Denn am 13. Februar 1978 hat sie folgende Mitteilung an die Studenten der theologischen Fakultät Marburg gemacht:

»Ich habe Jesus Christus als meinen lebendigen Herrn erfahren, der für meine Sünde am Kreuz gestorben ist und der auferweckt ist und dem alle Gewalt gegeben ist im Himmel und auf Erden. Und ich erfahre durch den Heiligen Geist und die Zeugnisse der Brüder und Schwestern die ganze Bibel als Gottes lebendiges Wort, das heute geschieht. Ich habe erkannt, daß ich in meinem Leben ein blinder Blindenleiter gewesen bin. Und ich erachte alles, was ich bisher gelehrt und geschrieben habe, als einen Dreck. Ich kann nicht länger versuchen, das Wort der Schrift mit meinem Denken zu kontrollieren, sondern nur noch darum bitten, daß Gottes Wort durch den Heiligen Geist mein Denken verwandelt.«

Diese Frau hat die Erfahrung gemacht: In Gottes Reich kommt man nicht durch Wissen, sondern durch Wiedergeburt.

Was heißt Wiedergeburt? Wiedergeburt heißt dasselbe wie Bekehrung. Der Ausdruck Wiedergeburt macht nur deutlich, daß es hier um etwas geht, das man nicht selber machen kann. Man kann sich nicht selber gebären. Man wird geboren. Das neue Leben ist ein Geschenk von Gott.

Verwandeltes Denken durch den Heiligen Geist – das ist Wiedergeburt.

Wiedergeburt ist also dasselbe wie Bekehrung. Bekehrt bist du, wenn du Jesus als den Herrn deines Lebens annimmst. Wiedergeboren bist du, wenn du mit der Tatsache ernst machst, daß Gott dein Vater ist. Ein Kind Gottes bist du, wenn du weißt: Gott liebt mich, und wenn du diese Liebe an deinen Nächsten weitergibst. Es kommt also nicht darauf an, daß du hinter alle Geheimnisse der Bibel kommst und alle Dogmen der Kirche verstehst. Auf deine Wiedergeburt kommt es an, und eine Geburt, das ist ja kein Gedankending, sondern die Grundtatsache des Lebens. Gott will in dein Leben rein, verstehst du?

Du überwindest den toten Punkt deines Lebens nicht dadurch, daß du noch mehr arbeitest an deinem Charakter, an deiner Karriere. Wenn einer auf dem falschen Weg ist, nützt es ihm nichts, wenn er noch schneller läuft. Nein, er muß ganz von vorn anfangen, neu anfangen, neu geboren werden, wie ein Kind. »Wenn ihr nicht werdet wie die Kinder«, sagt Jesus, »werdet ihr nicht in Gottes Reich kommen.«

Eigentlich müßte Nikodemus jetzt sagen: »Herr, du hast recht.«

So ein Mist!

Aber statt das einzige zu tun, was jetzt dran ist, statt Jesus sein Leben zu übergeben, fängt der an zu diskutieren. Als Jesus dem Nikodemus die Frage nach der Bekehrung stellt, da ist der Herr Professor bereits am Ende mit seinem Wissen, auch mit seinem Begreifen. Er begreift nur soviel, daß hier von unbegreiflichen Dingen die Rede ist. Und da verlegt er sich aufs Diskutieren. Und zwar auf eine so primitive Weise, daß man sich wundert, wie ein gebildeter Mensch solchen Schwachsinn produzieren kann. Aber das ist mir schon öfter aufgefallen: Wenn man auf Gott zu sprechen kommt, da reden selbst die gebildetsten Leute einen Mist zusammen, daß einem übel werden kann. Auf das Stichwort Wiedergeburt antwortet Professor Nikodemus:

Vers 4: »Wie kann ein Mensch geboren werden, wenn er alt ist? Er kann doch nicht in den Leib seiner Mutter zurückkehren und ein zweites Mal auf die Welt kommen.«

Diese Antwort offenbart in geradezu peinlicher Weise, wie absolut vergeblich es ist, die göttlichen Dinge mit der Vernunft erfassen zu wollen. Wie soll das vor sich gehen? fragt der Professor. Soll ich alter Mann vielleicht wieder in den Leib meiner Mutter zurückkriechen?

Also, wenn ein kluger Mann eine Sache derartig grotesk mißversteht und solchen Unsinn redet, dann beweist er damit, daß er die Sache in Wirklichkeit sehr genau verstanden hat.

Angriff abgebogen

Und Nikodemus hat Jesus sehr genau verstanden. Er versteht: Umkehren soll ich, nicht in den Mutterleib, sondern zu Gott.

Er spürt: Jetzt hat Jesus mein Herz angegriffen. Aber er biegt den Angriff mit dem Verstand ab.

Er merkt: Jetzt müßte ich Jesus mein Leben geben. Aber vor diesem Schritt zuckt er zurück. Er will erst mal darüber reden. Deshalb fragt er: »Wie ist das möglich? Ich bin doch ein erwachsener Mann. Wie kann ich da nochmal von vorne anfangen? Wie kann ich meine Vergangenheit auslöschen? Wie kann ich über meinen Schatten springen?«

Statt Jesus sein Leben auszuliefern, flüchtet er sich in eine Diskussion über das Wie.

Nichts gegen Diskussion. Nichts gegen das Fragen. Im Gegenteil: Man müßte viel mehr fragen, mehr diskutieren. Aber über die Frage, ob du Jesus dein Leben geben willst, gibt es nichts zu diskutieren. Da gibt es nur ein Ja oder Nein. Die Diskussion ist die letzte Zuflucht der Leute, die sich nicht klar und eindeutig für Jesus entscheiden wollen.

Die Frage nach dem Wie – wie ist das möglich? ist die typische Frage von denen, die gern Zuschauer bleiben und dem Hochspannungsdraht Jesus nicht zu nahe kommen möchten.

Ich beobachte das immer wieder bei Gesprächen nach Evangelisationsabenden. Da sind Menschen von der Botschaft gepackt. Sie sind angesprochen. Sie haben den Kraftstrom Gottes gespürt. Sie merken: Wenn ich jetzt zugreife, wird mein Leben verwandelt.

Aber sie haben Angst, den Schritt zu Jesus zu tun. Und da versuchen sie, sich aus der Affäre zu ziehen, und zwar durch Diskussionen. Sie kommen hinterher zu mir und sagen: »Gefällt mir, was ihr hier so macht. Sehr interessant. Was du gesagt hast, war eigentlich o.k. Und den Jesus finde ich irgendwie gut. Aber (paß auf, jetzt kommt's), aber: Wie ist es möglich, daß Jesus Gottes Sohn ist? Wie kann ein Wunder geschehen? Wie kann ein Toter lebendig werden? Wie kann sich einer, der 20 Jahre lang als Atheist erzogen wurde, bekehren? Wie kann überhaupt einer, nachdem er eine einzige Predigt gehört hat, sich bekehren?«

Ich kann dir nur sagen: Wenn du hier in der Kirche sitzt, diesen Gottesdienst beklatscht, getauft bist, ein Kreuz am Hals hängen hast und dich einen Christen nennst, – ich kann dir nur sagen: Wenn du nicht bekehrt bist, kommst du nicht in Gottes Reich.

Jesus sagt am Schluß dieses Kapitels (Vers 36):

»Wer an den Sohn glaubt, der hat das Leben. Wer dem Sohn nicht glaubt, der wird das Leben nicht sehen, sondern der Zorn Gottes bleibt über ihm.«

Keine Spezialmacke

Entweder du bist wiedergeboren, oder du bist ewig verloren. Wer nicht geboren ist, lebt nicht. Geburt ist lebensnotwendig. Wer nicht wiedergeboren ist, hat das ewige Leben nicht. Wiedergeburt ist lebens-, heilsnotwendig.

Die Rede von der Wiedergeburt ist nicht eine Spezialmakke von ein paar besonders Frommen. Das Pochen auf die Bekehrung ist nicht die fixe Idee von ein paar fanatischen Evangelisten, sondern das hat Jesus selber gesagt: Nur wer von neuem geboren ist, wird in Gottes Reich kommen. Bist du wiedergeboren? Bist du bekehrt?

Bist du ein Kind Gottes? Kannst du darauf ein sofortiges, klares, frohes Ja sagen? Wenn nicht, kannst du nicht in Gottes Reich kommen. Aber dann kannst du ja jetzt zu Jesus sagen: »Herr, ich will dir gehören. Hier hast du mein Leben.« Und dann kannst du heute in Gottes Reich eintreten.

Nikodemus war sozusagen fast schon mit einem Bein in Gottes Reich, da kratzt er im letzten Moment die Kurve mit seiner Frage: Wie kann man wiedergeboren werden?

Jesus ist kein Professor

Der Professor will's eben ganz genau wissen. Jesus ist kein Professor. Der macht's nicht kompliziert. Bei dem ist alles ganz einfach. Er läßt sich nicht auf das flache Niveau sogenannter vernünftiger Argumente runterziehen. Jesus diskutiert nicht.

Gleich gar nicht über die Bekehrung. Gleich gar nicht über das Wie der Bekehrung. Er erklärt nicht umständlich, wie Bekehrung möglich ist, sondern er erklärt kategorisch, daß Christsein ohne Bekehrung nicht möglich ist.

Mit dieser kategorischen Erklärung will Jesus sagen: Ich kann und will dir nicht beschreiben, wie das mit der Wiedergeburt ist. Das kannst du nur erleben. Und wenn du's nicht erlebst, kannst du's nicht verstehen. Dann hältst du's für einen religiösen Tick oder sowas. Wenn du es aber erlebst, das heißt: Wenn du Jesus dein ganzes Leben übergibst, dann fragst du nicht mehr nach dem Wie. Wenn du noch nie verliebt warst, kann dir keiner beschreiben, wie das ist.

Das macht man nicht, das ist man

Wenn du mich fragst: »Wie macht man das, sich verlieben?« dann kann ich nur sagen: »Du Knallkopp, das macht man nicht, das ist man.«

Und so kann auch Jesus dem Nikodemus keine Antwort geben auf die Frage, wie man das macht, neugeboren werden. Er sagt ihm nur: Liefere mir dein Leben aus, dann merkst du's schon.

Verstehst du, Niko, es geht nicht um Argumente, gescheite Gedanken, kluge Fragen nach dem Wie. Es geht einfach um die Frage: Bist du bereit, nicht bloß über Jesus zu reden, sondern ihm nachzufolgen? Wenn es um den Glauben an Jesus geht, mußt du nicht alle damit zusammenhängenden Fragen vorher durchdenken, klären, bereden. Das ist weder möglich noch nötig. Du kannst nicht sagen: »Erst muß ich Klarheit haben, wie das alles funktioniert, dann komme ich zu Jesus.«

Die Sache geht umgekehrt: Komm raus aus den Unklarheiten deines Lebens in das Licht Gottes, dann kriegst du Klarheit.

Luther hat gesagt: »Ein Christ ist ein Mensch, der aus einem dunklen Haus in die Sonne springt.«

Komm Niko, komm raus aus der Hütte, spring in die Sonne! Jesus erwartet dich!

Witz, Waschbrett und Wort Gottes
Überfüllte Jugendgottesdienste in Karl-Marx-Stadt

Alptraum des Pfarrers: im nächsten Gottesdienst sind noch mehr Kirchenbänke leer. Mein Alptraum: zum nächsten Jugendgottesdienst kommen noch mehr Leute.

Sieben Jahre lang waren wir in der ehrwürdigen gotischen Schloßkirche, seit zwei Jahren in der größeren Petrikirche mitten im Stadtzentrum. Und immer das gleiche Problem: Der Platz langt nicht. Eine Stunde vor Gottesdienstbeginn ist die Kirche überfüllt, von den 2500 Teilnehmern müssen 1000 stehen. Und sie stehen, sie hören, sie sind dabei, jeden zweiten Sonntag im Monat abends von 18 bis 19 Uhr.

Steifheit abgebaut

Eine Stunde vor Beginn quillt Musik aus den Lautsprechern. Wer die Kirche betritt, wird von einem ziemlichen Getöse empfangen und verliert schnell Fremdheitsgefühle und Hemmungen. Es herrscht ein großes Durcheinander, allgemeines Begrüßen, Schwätzen, Herumlaufen. Treffpunkt junger Christen. Diese Stunde der Kommunikation vor dem offiziellen Gottesdienstbeginn ist von enormer Wichtigkeit. Steifheit wird abgebaut. Die Gemeinde ist zusammen, bevor es überhaupt losgeht.

In der Sakristei feiert eine kleine Mitarbeitergruppe das Abendmahl, verbunden mit Gebetsgemeinschaft. Ich lasse mich von einem Bruder segnen, und dann geht's hinein ins volle Menschenleben.

Wie ein Storch versuche ich, durch die auf den Altarstufen sitzenden Massen zu staksen.

Punkt 18 Uhr wird der Scheinwerfer eingeschaltet, der den Altarplatz und die dort Agierenden anstrahlt. Wenn auch die Beleuchtung der Kirche mies ist, wie in Kirchen üblich, so müssen unbedingt die Sprecher und Musiker gut zu sehen sein. Wir haben ein kleines Podium, auf dem steht die Band, von dort aus predige ich auch. Kanzeln sind mir im allgemeinen zu hoch.

Waschbrett aus Omas Bodenkammer

Unsere Band ist ein Spaß für sich: Gitarre, Banjo, Baß und Waschbrett, dazu manchmal noch Mundharmonika, Tambourin, Klarinette und anderes. Das Gute an den Jungs (alles Amateure) ist, daß sie nicht den Ehrgeiz haben, vor den Leuten zu paradieren. Sie spielen nichts vor, sondern sie spielen zur Begleitung des Gemeindegesanges, denn auf den kommt es uns an.

Wir singen nämlich in der ersten halben Stunde mit wachsender Begeisterung, und dazu brauchen wir keine raffinierten Arrangements, sondern einfache, mitreißende musikalische Formen. Je größer eine Band ist, um so lauter, teurer und unbeweglicher ist sie im allgemeinen.

Zum Beispiel ist ein Schlagzeug sehr kostspielig, für Kirchen meistens viel zu laut, und außerdem gibt es nur wenig fähige Amateurschlagzeuger. Ein Waschbrett aus Omas Bodenkammer tut's auch. Es kostet nichts, ist leicht zu handhaben und zu transportieren und schafft, ohne alles zu übertönen, eine solide rhythmische Basis für den Massengesang.

Die Funktion der Band ist es, den Gesang anzufeuern und zu begleiten, nicht totzuschlagen. Daß bei uns mit solcher Begeisterung gesungen wird, liegt natürlich nicht nur an der musikalischen Begleitung, obwohl ich sagen muß, daß unsere Oldtime-Skiffle-Musik einer Musizierweise entspricht, die seit einem Jahrhundert in der amerikanischen Negerkirche erprobt und bewährt ist. Die hier vorliegenden Erfahrungen haben wir ausgenutzt, statt uns auf dünnblütige Schreibtischkompositionen einzulassen.

»Simpelsongs«

Den vereinigten Kampf, den Kantor, Kirchenvorsteher, Pfarrer und Landeskirche gegen unser Singen und diesen Gottesdienst geführt haben, will ich übergehen, weil die Zeit über diese Opposition längst hinweggegangen ist.

Geblieben ist von damals nur die Bezeichnung unserer Lieder als »Simpelsongs«, was als Schmähwort gedacht war, von uns aber als Lob gebucht wird. Mit Liedern, die man einüben, vorsingen muß, Zeile für Zeile, das Ganze bitte noch einmal, und etwas lauter usw. – mit sowas können wir nichts anfangen. Solche öde Schulmeisterei verleidet einem ja gleich von vornherein den Spaß am Singen.

Wir brauchen Melodien, die von alleine abzischen, wo jeder gleich mitsingen kann, Lust kriegt, mitzusingen. Da ich zwar oft die Texte mache, aber keine Melodien komponieren kann, bleibt mir nichts anderes übrig, als bekannte, eingängige Melodien zu übernehmen. Jeder kriegt einen Liederzettel, einer aus der Band führt den Gesang an, und los geht's.

Am Anfang ein Witz

Es folgt die Begrüßung. Sie enthält unbedingt am Anfang einen Witz (kein Gottesdienst ohne Lachen), diverse Informationen, Kollektendank und Kollektenbitten. Wer die Gemeinde mit Geistlosigkeit von der Art »Wir freuen uns, daß Sie trotz des schönen/schlechten Wetters so zahlreich erschienen sind« langweilt, begrüßt nicht, sondern ödet an und demonstriert seine Faulheit.

Mich kostet die Vorbereitung der vierminütigen Begrüßung manchmal zwei volle Tage. Schon allein die Darstellung des Kollektenzwecks erfordert äußerste Sorgfalt. Alles wird konkret erläutert, der Geber hat ein Recht zu erfahren, was aus seinem Geld wird.

Die Durchschnittskollekte beträgt 3000 Mark, die bisher

höchste Kollekte hatten wir im November 78: 10.722 Mark für die Christoffel-Blindenmission. Diese enormen Summen, von Jugendlichen gespendet, sind für uns immer wieder ein großes Wunder.

Song und Predigt

In jedem Gottesdienst haben wir als Gast einen Sänger-Gitarristen, der zehn Minuten lang seine (meist eigenen) Lieder vorträgt und dadurch jedem Gottesdienst eine eigene Note verleiht. Diese Art der Verkündigung durch einen einzelnen ist genauso wichtig wie die Predigt. Wenn von ihr nichts hängenbleibt – die Lieder gehen mit, bleiben hängen. Der Song ist das Mittel, heutzutage unter Jugendlichen eine Botschaft zu verbreiten. Der Beitrag unseres Gastsängers (selbstverständlich ohne Honorar) ist nicht Unterhaltung, sondern Verkündigung.

Die Wortverkündigung (Predigt) als Hauptteil des Gottesdienstes erfolgt in Form eines 30minütigen Monologes. Ich brauche für die Predigtarbeit mindestens drei bis vier Tage, spreche die Predigt mit einer Gruppe vorher durch, schreibe sie wörtlich auf und halte sie auch wörtlich so.

Meistens erzähle ich biblische Geschichten, besonders gern aus dem Alten Testament, in welche ich das Aktuelle einflechte.

Abgesehen von den Momenten, wo die Predigt von Beifallsklatschen oder Lachen unterbrochen wird, herrscht eine gesammelte Hörbereitschaft und erstaunliche Stille.

Betergruppe im Rücken

Die Ruhe, in der über die vielen Jahre dieser Gottesdienst stattfand, ist eins der großen Wunder, über das wir immer wieder staunen. Ich erwarte von der Predigt, daß sie durch den Heiligen Geist beglaubigt wird, daß sie Wirkungen hat, daß sich Menschen bekehren.

In diesem Wunsch werde ich unterstützt durch eine Gruppe, die während des Gottesdienstes in der Sakristei betet. Diese Gruppe hat sich ohne mein Wissen und Zutun gebildet. Ich merkte eines Tages, daß ich mit einer mir bis dahin unbekannten Ruhe (ich bin sonst mächtig aufgeregt) predigen konnte. Mit der Betergruppe im Rücken fällt es mir leichter, vor diese kritischen, kribbeligen Jugendlichen hinzutreten und ihnen die Botschaft von Jesus zu bringen.

Der Predigt folgt ein freies Gebet eines Jugendlichen, der Segen und ein Schlußlied – alles in allem dauert der Gottesdienst maximal 70 Minuten.

Locker und zupackend

Ich glaube, das Wesentliche an diesem Gottesdienst ist das Freie, Ungezwungene, Offene, Lockere, Menschliche, Natürliche. Keine Veranstaltung, die abgespult wird wie der übliche Frühgottesdienst, sondern einfach ein Zusammensein ungefähr in der Art, wie es junge Leute lieben: mit viel Lärm, viel Musik, Emotion, Gemeinschaftserlebnis und vor allem einer Botschaft, die Ansprüche stellt und zu einer Entscheidung herausfordert.

Mir ist durch diese Jugendgottesdienste klargeworden, daß wir viel zu akademisch, zu distanziert predigen. Ich beobachte an mir, daß ich immer direkter, einfacher, konkreter, zupackender, auch orthodoxer predige.

Als ich noch Gemeindepfarrer war, hat es mich jahrelang fertiggemacht, daß ich alle Liebe und Mühe in die Predigt investiere, ohne daß wesentlich mehr Leute zum Gottesdienst gekommen wären. Dann fing ich an, die gleiche Predigt, die ich abends vor den Jugendlichen hielt, früh im Gottesdienst zu halten, wortwörtlich dieselbe Predigt. Einziger Unterschied: Früh sagte ich »Sie«, abends »Du«. Alles andere blieb sich gleich.

Ergebnis: Früh kamen 150 Menschen, abends 1500 und mehr, übrigens auch ältere Gemeindeglieder darunter. Damit ist der Beweis erbracht, daß der übliche liturgische Rahmen des überlieferten Frühgottesdienstes keine Hilfe, sondern eher ein Hindernis für die Ausbreitung der Botschaft darstellt.

Die gleiche Botschaft, die gleiche Predigt, nur in anderer Verpackung, erreicht abends eine zehnfache Hörerschaft, erreicht vor allem Menschen, die einen traditionellen Gottesdienst nie besuchen. Die veränderte Form ist also effektiver.

Mut zur Einfachheit

Genau besehen ist unsere Gottesdienstform nichts Besonderes, sondern etwas recht Einfaches. In dieser Einfachheit liegt das Besondere der Gottesdienste. Raffinierte Gags austüfteln und kompliziert über die Köpfe hinwegreden kann jeder Dummkopf; aber sich klar, einfach und verständlich ausdrücken ist die große Kunst.

Zur Einfachheit gehört aber Mut. Denn das Einfache ist zugleich das Schwerste. Deshalb bedeutet Einfachheit nicht etwa Bequemlichkeit oder Niveaulosigkeit. Im Gegenteil, sie erfordert von allen Mitarbeitern größtmögliche Perfektion und Präzision, vom Prediger ein hohes Maß an Disziplin schon allein in sprachlicher Hinsicht, von den Liedertexten sprachliche Qualität und manches mehr.

Entscheidend ist, daß sich alle Mitarbeiter und Mitbeter völlig einig sind: »Gottes Ehre ist unser Ziel. Wir suchen sie, indem wir uns bemühen, die Heiligen zu erbauen, die Sünder zu retten« (Spurgeon).